ESPAÑA - La A[illegible]
Independencia de los Estados Unidos

MARTHA GUTIÉRREZ-STEINKAMP

Primera edición en inglés: 2013
Imprenta Create Space Publishing Platform, an Amazon.com Company
North Charleston, South Carolina, United States of America

ISBN: 1482733749
ISBN 13:9781482733747
Library of Congress Control Number: 2013905899

Primera edición en español: 2013
Imprenta Create Space Publishing Platform, an Amazon.com Company
North Charleston, South Carolina, United States of America

ISBN-13: 978-1490482071
ISBN-10: 1490482075

Diseño de la cubierta: La Armada española en el siglo XVIII por David Williams

Imágenes de buques seleccionadas de obras de Berlinguero, Brugada y Monleón cortesía Museo Naval, Madrid

DEDICATORIA

Este libro está dedicado a la memoria de Juan Alsina Torrente, Conde de Albay, Consejero Económico de la Corona Española, Presidente de Empresa Nacional Bazán de Construcciones Militares Navales, Ingeniero Naval de fama internacional, experto en el campo de Historia Naval, autor de *Una Guerra Romántica España, Francia e Inglaterra en la mar 1778-1783,* mi gran amigo y mentor, cuyo ánimo, experto asesoramiento y estímulo han hecho posible este libro.

A la familia Alsina Arízaga por su cariño y apoyo.

A G R A D E C I M I E N T O S

Madrid

Almirante José Antonio González Carrión, Director Museo Naval; Almirante José Ignacio González-Aller, Director Museo Naval - Mis buenos amigos y colegas; Dr. Francisco Fernández González, Gabinete de Historia y Tecnología Navales; Dra. Mercedes López de Arriba, Jefa de Conservación Casa de la Moneda; Coronel José Antonio Ocampo, General José M. Cervera y José A. Bernal González del Instituto de Historia Naval; Embajador Eduardo Garrigues López-Chicherri y Barbara Baggetto, Fundación España/Estados Unidos.

A Felix Jiménez Villalba, Sub-Director Museo de América y Carmen López Calderón Conservadora Museo Naval por su asesoramiento y amistad

Bilbao

Mis buenos amigos y colegas: Dr. Javier Divar Garteiz-Aurrecoa, Universidad de Deusto por su generosa asistencia; Decana de Economía Dra. Reyes Calderón Universidad de Navarra; Dr. Aingeru Zabala,Universidad de Deusto; Amaia Basterretxea, Directora y Amaia Mugica, Museo Histórico Vasco; Alfonso Saiz Valdivielso, Abogado; Esther Urquijo, Grafóloga; José Antonio Larrinaga, Bibliotecario Sociedad Bilbaína ; José María Arriola y Jaime Arriola, "Tratado Pinckney" Biblioteca Privada; Pepa Saenz de Buruaga, Biblioteca Diputacion de Bizkaia; Juan José Alonso Varástegui, Ingerniero naval; Nieves Taranco, Directora Biblioteca Universidad de Deusto; Maria Vallejo Ilarduia IDEM4; mi gran amiga Maika Uriarte, LANKOPI; Andoni Aldecoa, Consejero Delegado Ayuntamiento de Bilbao. José Luis Cano de Gardoqui e Ignacio Marco de Gardoqui, quienes generosamente me abrieron las puertas de la familia Gardoqui en el siglo XVIII.

Teresa de Querejazu el ángel enviado por José Ignacio Goirigolzarri para guiar mis pasos en esta aventura a través de la historia de España.

Estados Unidos

Miriam M. Nisbet, OGIS Director,Carrie McGuire, David A Langbart, National Archives

Mark Kurlansky, por escribir la historia de un pez olvidado *El Bacalao, biografía del pez que cambió el mundo*

Thomas E. Chávez, por compartir generosamente *Spain and the Independence of the United States, An Intrinsic Gift*

Robert H. Thonhoff, *por compartir The Texas Connection with the American Revolution*

Alberto mi hijo y escritor por sus valiosos comentarios; Martha mi hija por mantenerse diariamente al tanto de mi aventura

Especialmente mi esposo Dick, quien comparte mis pasiones intelectuales con gran amor, entusiasmo y paciencia

"Si los españoles unieran sus flotas a las de los franceses y comenzaran las hostilidades, mis dudas todas cesarían - sin ellas me temo que la marina británica posee demasiado poder para contrarrestar los planes de Francia" Go. Washington

George Washington, carta a Gouvernor Morris, 4 de octubre de 1778. Papers of George Washington. Digital Editions ed. Theodore J. Crackel. Charlottesville: University of Virginia Press, Rotunda, 2008

" Desde luego que a pesar que ya las fuerzas británicas confrontan dificultades logísticas gracias a los esfuerzos conjuntos de Francia y América, es realmente evidente que solo la entrada de España al conflicto brindará a la alianza una decidida superioridad adecuada para nuestros propósitos, y nos librará de la posibilidad de un solo acto desafortunado que pueda derribar el balance..."

Henry Laurens, Manuscript Secret Journal Foreign Affairs, Papers of the Continental Congress No. 25, I, Folio 123

(Traducción de documentos oficiales en inglés:
Martha G. Steinkamp)

P R Ó L O G O

La herencia española de mi familia estuvo siempre presente en mi casa con gran sentido de orgullo.

Sin embargo a través de los años, como educadora he encontrado una falta de conocimiento de cualquier referencia positiva relacionada con España y su importancia en el continente americano. Inclusive en general he encontrado un sentimiento negativo por todo lo español.

Los intentos por parte de investigadores, historiadores y otros profesionales, para modificar estas ideas han quedado en las bibliotecas de universidades pocas veces llegando al público en general. Desafortunadamente en el mundo actual informar al público sin una pantalla de televisión resulta un esfuerzo inútil.

Espero de corazón que esta actitud se modifique a través de esta investigación que ha tomado cinco años y que presenta información quizás extraviada u olvidada, relativa a la contribución de España a la independencia de Estados Unidos, que merece el reconocimiento apropiado como protagonista clave en el conflicto que cambió el curso de la Historia.

Durante siglos la historia que relata la independencia de los Estados Unidos y los caminos que llevaron a la culminación de la misma, ha sido poco favorable para España, omitiendo la importancia que realmente tuvo.

El poderío naval español, la asistencia económica que España proporcionó comenzando en 1775 con la experta participación de Diego de Gardoqui y la estrategia planeada con gran detalle por la Real Armada e implementada por generales como Bernardo de Gálvez, paralizaron los avances de los ingleses en posiciones claves. Estos fueron los factores decisivos que hicieron posible la independencia de las colonias americanas.

No podemos pasar por alto la contribución de Francia cuyos soldados dieron sus vidas por la independencia de Estados Unidos ni la de su Marina que luchó con coraje sin límites. También fue vital la contribución de Holanda, con menos poderío naval pero con expertos navegantes y con banqueros dispuestos a proveer fondos necesarios en calidad de préstamos.

Los diferentes sistemas monetarios de los participantes y las actividades diplomáticas con frecuencia secretas, que evitaron dejar constancia de ciertas operaciones, en ocasión dificultan comprobar con certeza algunos datos.

Sin embargo, existen documentos en los archivos oficiales en España y en Estados Unidos que confirman sin duda alguna la gran importancia de la contribución de España como potencia naval del siglo XVIII y del Tesoro Español.

Í N D I C E

INTRODUCCIÓN

La Guerra de Independencia de los Estados Unidos fué una guerra extraordinariamente compleja. Tres componentes importantes la caracterizaron.

Esta fue una guerra económica, una guerra política y una guerra internacional.

Una Guerra Económica

Inglaterra confrontaba una situación económica desesperada. Con motivo de los gastos ocasionados por la Guerra de los Siete Años el tesoro inglés quedó en quiebra. El Parlamento comenzó a buscar posibles fuentes de nuevos ingresos.

Las colonias americanas fueron seleccionadas como la fuente indicada para proveer un aumento en los ingresos.

Gradualmente la carga económica sobre las colonias llegó a ser de tal magnitud que resultó intolerable. Las consecuencias fueron resentimiento, discordia y por último rebelión.

Una Guerra Política

La casa francesa de los Borbones llegó al poder en España después de la muerte de Carlos II, el último monarca Habsburgo. El mismo había nombrado, como su heredero en España y todas sus posesiones al duque de Anjou, quien era el segundo hijo de Luis el Delfín francés y que reinó bajo el nombre de Felipe V de España, siendo el primer monarca Borbón español.

El resultado más importante de este cambio dinástico se manifestó cuando Felipe V formó una alianza con Francia dadas sus relaciones de familia con Luis XV. Los tratados que fortalecieron estas alianzas se conocen como *Pactes de Famille*/Pactos de Familia.

Francia y España firmaron el Tratado de Aranjuez en abril de 1779 por el cual España se unió a la guerra de las colonias contra Inglaterra.

Una Guerra Internacional

A partir de 1778, la rebelión de las colonias americanas se convirtió gradualmente en un conflicto internacional que involucraba a la India, Islas Filipinas, Gibraltar, Nicaragua y otras posesiones europeas.

El rey Jorge III planeaba mantener 30,000 hombres estacionados en Nueva York, Rhode Island, Quebec y la Florida y la vez mantener tropas listas para atacar las posesiones francesas y españolas en las Antillas.

Al comienzo de la guerra Inglaterra sin duda poseía superioridad naval con más de 100 navíos de línea y numerosas fragatas y pequeñas embarcaciones.

Al entrar los franceses en la guerra esta superioridad naval se vio amenazada.

En junio de 1779 al entrar España en la guerra como aliada de Francia al lado de las colonias americanas, esta superioridad naval británica desapareció por completo.

Súbitamente la guerra se convirtió en una guerra naval y global pues la participación de España con sus buques y su estrategia en colaboración con los franceses, hizo posible el mantenimiento y la movilización de las tropas de Rochambeau y Washington.

Al año siguiente, en 1780 Inglaterra declaró la guerra a Holanda en represalia por el comercio continuo de ésta con Francia a la que proveía de materiales necesarios para la reparación y mantenimiento de los navíos aliados.

Número total de buques de línea: aliados vs. Inglaterra 1778 - 1782

Año	**Francia**	**España**	**Holanda**	**Colonias**	**Aliados**	**Inglaterra**
1778	52	0	0	0	52	66
1779	63	58	0	0	121	90
1780	69	48	0	0	117	95
1781	70	54	13	0	137	94
1782	73	54	19	0	146	94

Independencia de los Estados Unidos

CAPÍTULO 1

Las Trece Colonias

Una Revolución hacia la independencia

Las Trece Colonias Revolucionarias: Virginia, Massachusetts, New Hampshire, New York, Georgia, South Carolina, North Carolina, Connecticut, Pennsylvania, Rhode Island, Maryland. Estas posesiones inglesas abarcaban un territorio que se extendía a lo largo de la costa atlántica hasta Georgia y por el interior, hasta el valle del Misisipi.

Las trece colonias se establecieron desde 1637 a 1733 en la costa atlántica de América del Norte, y estuvieron habitadas en su mayoría por ingleses que emigraron de sus países por problemas políticos y religiosos.

La población de las colonias llegó a alcanzar aproximadamente 2,000,000 de habitantes, en su mayoría personas educadas que profesaban diferentes religiones protestantes. La excepción era la colonia de Maryland donde la mayoría eran católicos.

Todas estaban bajo el dominio de Inglaterra, aunque tenían cierta autonomía política que les permitía elegir sus propias autoridades y su propia legislatura.

Económicamente eran prósperas debido en gran parte a las riquezas naturales del territorio. Las colonias del Norte se dedicaban mayormente al comercio, mientras que las del sur se dedicaron en su mayoría a la agricultura especialmente al cultivo de algodón y tabaco.

Abundan las opiniones y las circunstancias que tratan de explicar cuál fue la causa principal que provocó la sublevación de las colonias norteamericanas y finalmente lograr su independencia de Gran Bretaña.

Libertad y *Felicidad,* como popularmente se comenta, eran conceptos que no prevalecían en la mente de los colonizadores ni de los miembros del Congreso Continental. Más bien problemas de índole económica y un profundo sentido de discriminación por parte de la corona inglesa, todos relacionados con la propiedad privada y los impuestos – éstos eran los asuntos principales que presidían todas las discusiones y los planes de acción.

Las Nuevas Leyes/ACTAS

Al terminar la Guerra de los Siete Años Inglaterra afrontaba una crisis financiera de enormes proporciones que aumentó de £ 72,298,673 en 1755 a £129,586,789 en 1764.

En esos momentos ya el pueblo inglés pagaba una tasa de impuestos tan alta que se temía una rebelión de un momento a otro. Por tanto el gobierno inglés decidió erradicar el déficit demandando aporte económico de las colonias a través de varios impuestos.

Los principales impuestos que provocaron la rebelión de los colonos norteamericanos fueron entre otros, el impuesto al azúcar, impuesto sobre la moneda (1764) y el impuesto al timbre (1765).

La Ley del Azúcar, abril de 1764

Esta expandió la ley anterior del Azúcar y la Melaza mediante la cual se prohibió la importación de ron extranjero; impuso derechos modestos a la melaza de cualquier fuente y aplicó derechos al vino, la seda, el café y muchos otros artículos de lujo.

Los comerciantes de Nueva Inglaterra alegaban que ese pago de nuevos impuestos traería la ruina para sus negocios. Los comerciantes, las legislaturas y los concejos municipales protestaron por esa ley y los abogados de las colonias llamaron esta protesta *"tributación sin representación"*. Además esta ley regulaba la exportación del hierro y la madera.

Como previeron los colonos, estos nuevos impuestos causaron la disminución del comercio con Madeira, Islas Azores, Islas Canarias y las Antillas Francesas.

Ley de la Moneda, septiembre 1, 1764

En el mismo año, el Parlamento promulgó la Ley de la Moneda *para impedir que se pudiera considerar moneda de curso legal a los billetes que expidiera cualquiera de las colonias de Su Majestad.*

Como las colonias sólo podían obtener "moneda dura" (oro o plata) a través de su comercio con Inglaterra las mismas decidieron imprimir su propio papel moneda, para facilitar el comercio. Esta ley abolía todo uso de papel moneda por parte de las colonias.

Ley de Acuartelamiento, marzo 24, 1765

Aprobada en 1765 la misma exigía a las colonias proveer alojamiento y provisiones a las tropas reales. Esta ley además representaba la discriminación directa contra los colonos pues una ley semejante era imposible de imponer y no existía en Inglaterra.

Ley del Timbre, marzo 22, 1765 - marzo 18, 1766

Mediante esta ley se requería a todos los periódicos, folletos, escrituras de arrendamiento y todos los documentos de índole legal que se les adhirieran estampillas fiscales. Sin estas estampillas ningún documento era considerado legal.

Las leyes de TOWNSHEND, junio/Julio 1767

Charles Townshend, el ministro de hacienda británico, impuso nuevos derechos de importación al papel, el vidrio, el plomo y el té procedentes de Gran Bretaña con la intención de recaudar en exceso de £40,000 dedicadas a la administración de las colonias. El texto de esta ley establecía una escala de plazos para el pago de estos impuestos.

La consecuencia más importante de estos nuevos impuestos fue la renovación de sentimientos hostiles hacia Inglaterra, los cuales ya se habían manifestado después de la Ley del Timbre.

La Ley del Té, mayo 10, 1773

El propósito de esta ley no fue aumentar los ingresos de la Corona inglesa o beneficiar a las colonias de modo alguno.

La Compañía Inglesa de las Indias Occidentales se encontraba en apuros económicos y en aquellos momentos tenía en inventario en sus almacenes dieciocho millones de libras de té que no había vendido y que debía enviar directamente a las colonias.

El gobierno inglés le otorgó a la Compañía de las Indias Occidentales el derecho exclusivo de comerciar directamente con las colonias, además de reducir reducirle los impuestos de aduana lo que le brindaba a la compañía una gran ventaja comercial y perjudicaba directamente las ganancias de los comerciantes locales.

La Ley del Té tenía como único propósito beneficiar a la Compañía de Indias Occidentales, de hecho creando un monopolio. Los colonos decidieron resolver la situación a su manera, lo cual sorprendió a los ingleses.

Los barcos anclados en Filadelfia y Nueva York y cargados de té, fueron obligados a regresar a Inglaterra con la mercancía. Los cargamentos de té que ya estaban en los muelles fueron abandonados y destrozados.

Cuando tres barcos, *Darmouth, Eleanor y Beaver* llegaron a la bahía de Boston y los colonos demandaron que regresaran a Inglaterra el gobernador no permitió que los barcos zarparan.

Samuel Adams acompañado por miembros de los *Hijos de la Libertad*, tiraron todo el té en la bahía de Boston el 18 de diciembre. Este hecho se conoce hoy día como *el Motín del Té de Boston (Boston Tea Party.).* Se estima que las pérdidas ascendieron aproximadamente a $700,000. en moneda actual.

Las leyes INTOLERABLES (COERCITIVAS)

La reacción del Parlamento frente a lo ocurrido fue aprobar nuevas leyes que recibieron el nombre de Leyes Intolerables o Coercitivas.

La primera, llamada *Proyecto Legislativo del Puerto de Boston*, ordenó el cierre del puerto hasta que el valor del té fuera reembolsado. Esta ley incidía directamente la economía al impedir el acceso al mar a toda la comunidad de Boston.

Otras leyes incluían numerosas restricciones a la autoridad local prohibiendo los concejos municipales que se reunían sin el consentimiento del gobernador. La Ley de *Acuartelamiento de Tropas* se expandió exigiendo que las autoridades locales debían dar hospedaje adecuado a las tropas británicas, aun en casas particulares si la situación así lo demandaba.

La intención de estas leyes fue la sumisión definitiva de las colonias. Sin embargo, el efecto fué contraproducente y como consecuencia de las mismas los colonos convocaron el Primer Congreso Continental para discutir y planear una resistencia unida contra Gran Bretaña.

Diarios del Congreso Continental

(traducción Martha Gutiérrez-Steinkamp)

Los Diarios del Congreso Continental de 1774 a 1789 contienen todos los detalles de la situación desde el punto de vista de los representantes*. Los fragmentos incluidos en letra itálica han sido traducidos literalmente preservando la autenticidad de dichos documentos.*

MARTES, 6 DE SEPTIEMBRE DE 1774

El tópico del día estuvo enfocado en denuncias recibidas de Boston y otras áreas, relacionadas con el proceder del gobierno británico relativo al uso de cualquier medio a su alcance para aumentar el ingreso recibido de las colonias.

La importancia de cada colonia se debatió en relación al número de votos que cada colonia debía representar.

Traducción: La moción se presentó y se aprobó - Que en determinar asuntos en este Congreso, cada colonia o provincial debe tener Un Voto - El Congreso en estos momentos carece de medios para determinar correctamente la importancia de cada Colonia.

JUEVES, 6 de OCTUBRE DE 1774

El Congreso se reunió y se resumió la consideración de los medios adecuados para restablecer los derechos americanos. Durante el debate, un emisario de Boston... Paul Revere, llegó con una carta del comité de correspondencia fechada el 29 de sept. que fue presentada al Congreso.

El Congreso resumió la sesión al día siguiente para considerar esta carta y RESOLVIÓ:

Que a partir de y después del primer día de diciembre próximo, ni melaza, café o pimientos de las plantaciones británicas o de Dominica o vinos de Madeira y la Islas Orientales o índigo del extranjero serán importados por estas colonias.

Diferencia de opiniones entre las colonias

SÁBADO, 8 DE OCTUBRE DE 1774

Richard Henry Lee presentó la siguiente moción el 7 y 8: Resuelto, Que el Congreso es de opinión, que es inconsistente con el honor y seguridad de un pueblo libre, vivir dentro del control y estar expuesto a los daños infligidos por una fuerza militar, en lugar de bajo un gobierno civil... que los ciudadanos libres de Boston, no pueden continuar expuestos a las consecuencias de las peligrosas maniobras militares que se llevan a cabo en contra de la población, pero que deben buscar asilo entre sus otros compatriotas hospitalarios" La moción fue rechazada.

El rechazo de esta moción resalta las diferencias entre las colonias con relación a cual es la forma más apropiada y beneficiosa para oponerse al gobierno británico.

Una de las quejas más frecuentes se refería a la obligación de tener que alojar a las tropas británicas en las casas americanas.

"... que las tropas bajo el mando de su excelencia, frecuentemente violan la propiedad privada e insultan a los propietarios, y si no se pone fin a esta práctica todos los americanos se verán involucrados en los horrores de una guerra civil."

El sólo hecho de mencionar una guerra civil indica que la mayoría de las colonias no pensaban en una separación o independencia en esos momentos, más bien proponen luchar para restablecer las libertades que les han ido quitando, poco a poco por su proprio gobierno británico.

Estas declaraciones indican claramente que en estos momentos la mayor parte de las colonias no están buscando su independencia de la Corona, más bien la restauración de la relación que existía anteriormente y que se había quebrantado sin razón obvia. Los representantes de las colonias se sienten confusos, tratando de comprender qué ha provocado las acciones del gobierno británico. Aún prometen su lealtad a la Corona, *"si Inglaterra resuelve estos asuntos satisfactoriamente para ellos"*.

Opiniones en La Gazeta de Madrid

Las opiniones diversas entre los representantes de las colonias relacionadas con distintos aspectos de gobierno, datan del 1764. Las publicaciones españolas Mercurio y La Gazeta que aparecen en Londres fechadas diciembre de 1764 reportan lo siguiente:

Es obvio que existe diferencia de opiniones e intereses entre las colonias del norte y las del sur. Las colonias del norte son mayormente industriales, afluentes y poseen grandes recursos de manera que son más afectadas por los estatutos y leyes dirigidas a la prohibición y regulación del comercio con gobiernos extranjeros y otras actividades centralizadas así como con impuestos y tarifas en artículos manufacturados. La solución para ellas es la de obtener mayor cantidad de materia prima y manufacturar los artículos por ellos mismos, como en el caso de los textiles.

El sur es mayormente agrícola y los colonos son terratenientes. Por esta razón se enfocan más en estatutos y leyes que afecten todo lo relacionado al cultivo de las tierras y venta de sus productos como el tabaco, granos, cáñamo y algodón, además de asuntos relacionados a la propiedad.

Al final todos los colonos se unen en un frente común que los llevará a 1776. *Los* colonos *no cumplirán con ninguna ley de impuestos promulgada por el Parlamento donde ellos no tengan representación.* Este anuncio se publicó en *La Gazeta en Madrid el 4 de diciembre de 1764.*

La promulgación de la Ley del Timbre en 1765, empeoró la situación.

La Gazeta de Madrid reportó el 12 de marzo, de 1765 en la sección de Londres, que la consecuencia más importante de esta ley, es que imponía un impuesto a las casas editoras de periódicos, panfletos y todo lo que se publique en papel. Esta ley trajo como consecuencia que los editores dirigieron todos sus esfuerzos a luchar contra el gobierno británico.

Reclamaciones y Quejas de los Delegados: Independencia

Al pueblo de Gran Bretaña, de los delegados designados por las varias colonias de New Hampshire, Massachusetts-Bay, Rhode Island y Providence Plantations, Connecticut, New York, New Jersey, Pennsylvania, los condados de Delaware, Maryland, Virginia, North Carolina y South Carolina, para considerar sus quejas y reclamaciones en el Congreso en Filadelfia, el 5 de septiembre de 1774.

Amigos y compatriotas,Cuando una Nación, elevada a la grandeza por la mano de la Libertad, y poseída de toda la gloria que el heroísmo, magnificencia y humanidad puede ofrecer, desciende a la desagradecida tarea de imponer cadenas a sus amigos e hijos, existe razón para sospechar que ha dejado de ser virtuosa o se ha descuidado en el nombramiento de sus gobernantes.

...la causa americana es ahora objeto de atención universal y se ha convertido en asunto muy serio. El país desgraciado no sólo ha sido objeto de opresión pero también abusado y mal representado y la deuda que nos debemos a nosotros mismos y a la posteridad, por el propio interés de usted y el bienestar del Imperio Británico, nos lleva a dirigirnos a usted con relación a este asunto importante.

A conocer, que nosotros nos consideramos e insistimos que somos y debemos ser, tan libres como nuestros compañeros y sujetos británicos, y que no hay poder en la tierra que tenga derecho a quitarnos nuestra propiedad sin nuestro consentimiento.

... Anteriormente, estaban satisfechos con extraer de nosotros las riquezas producidas por nuestro comercio. Pero han restringido nuestro comercio de todas las formas que han deseado para su beneficio. Han ejercido un control ilimitado de los mares. Han estipulado cuales son exactamente los puertos y países con los que podemos comerciar. A pesar que todas estas restricciones han sido gravosas para nosotros nunca protestamos. Miramos hacia usted como un estado paterno al cual nos atan fuertes lazos...

... Estas y muchas otras restricciones se nos impusieron de la forma más injusta e inconstitucional, sólo con el propósito de obtener más ingresos...

..No son sólo estas las únicas condiciones bajo las cuales vivimos. Debemos mencionar los gobernadores de conducta disoluta, débiles y malvados que son enviados a gobernarnos...

...Además de los esfuerzos para quitarnos nuestras propiedades, quitarnos los derechos de un juicio ante jurado, bloquear nuestros puertos; destruir nuestros estatutos y cambiar nuestras formas de gobierno...

...La tendencia inmediata de estos estatutos es la de subvertir el derecho de participar en la legislatura de modo que las asambleas son anuladas, el derecho a la propiedad y bienes monetarios...

...Estos estatutos y muchos que no mencionamos son sin duda una forma de subyugar las colonias...

... Esta conducta a la vez parece asombrosa e injusta, cuando se considera que no ha habido provocación alguna en el comportamiento la de las colonias...

Estas declaraciones de nuevo indican claramente, que en su mayoría, los colonos no están buscando independencia de la Corona. Más bien, buscan la aceptación de las peticiones presentadas al gobierno inglés a través de los representantes de las colonias.

...Bajo el pretexto de gobernarlas (las colonias) varias nuevas instituciones rigidas y peligrosas,

han sido introducidas, como sólo puede esperarse de un amo intransigente para recaudar tributos o más bien saquear a las provincias conquistadas...

...Los jueces de las Cortes del Almirantazgo tienen autoridad para recibir sus salarios y tarifas de los bienes usurpados por ellos mismos; los Comisionados de aduanas tienen autoridad para invadir las viviendas sin la autorización de un magistrado civil...

...Por orden del Rey, la autoridad del Comandante en Jefe y los Brigadieres bajo su mando en tiempo de paz es la suprema autoridad en todos los asuntos civiles en América; por tanto una fuerza militar sin control es desconocida en la constitución de estas colonias...

...Numerosas tropas y armamentos de barcos de guerra han sido enviados para apoyar por la violencia la requisa de sus dineros (de las colonias) sin consentimiento de las mismas...

...Actos de corrupción dividen y destruyen...

...Por el detalle de los hechos aquí expresados, sumados a la inteligencia auténtica recibida, queda claro sin duda alguna, que se ha resuelto revocar las libertades de estas colonias, obligándolas a subsistir bajo un gobierno déspota...

Por la moción presentada, Se Resuelve: que la toma o el intento de aprender ilegalmente, a cualquier persona de América para transportarla más allá del océano para ser juzgado por delitos cometidos dentro de un condado de América, es ilegal y será sujeto a resistencia y represalia...

En la declaración de todos los representantes de las colonias ante el Congreso reunido en asamblea se establece que todos los hombres son creados iguales con los mismos derechos que incluyen la vida, libertad y la felicidad y que los gobiernos deben garantizar estos derechos.

La introducción del documento contiene una serie de acusaciones dirigidas al Rey, entre otras –

...Ha rechazado leyes necesarias para el bien común...

...Ha convocado cuerpos legislativos en lugares tan distantes de los registros de documentos públicos y con acceso difícil con el propósito de obligarlos a cumplir con sus medidas...

...Ha disuelto los cuerpos representativos que se han opuesto con firmeza a invasión de los derechos privados...

...Ha establecido nuevas oficinas con nuevos oficiales para hostigar a nuestras gentes y quitarles su sustento...

...Ha determinado que la autoridad militar reemplaza a la autoridad civil...

...Ha saqueado nuestros océanos y puertos, quemado nuestros pueblos y destruidas las vidas de nuestras gentes...

Todos y cada una de estas acciones caracterizan a un tirano que es incompetente y no apto para gobernar a pueblos que son libres...

La declaración continúa indicando que las colonias renuncian toda alianza al parlamento y al gobierno de Gran Bretaña y se declaran libres e independientes

Es importante señalar que cuando se hace referencia al número de habitantes en cada colonia, se establece claramente que a los negros no se les consideran miembros del estado como tampoco lo es el ganado.

Así como los colonos se rebelan cuando sus libertades son arrebatadas poco a poco por los ingleses, sin embargo ellos identifican a los esclavos negros con el ganado. Esto nos revela la perspectiva de los colonos respecto al concepto de Libertad y quienes tienen derecho a disfrutarla.

≈≈≈

CAPÍTULO 2

Globalización en el siglo XVIII

El Comercio se define como la necesidad ó situación basada en la disponibilidad de productos.

Los mercados han evolucionado desde el mercado rural de ocasión al mercado urbano permanente y finalmente llegamos al mercado global.

El mercado global había comenzado a desarrollarse en el siglo XV cuando el comercio trasatlántico se estableció entre los países europeos y sus posesiones de ultramar.

Esta globalización dio lugar al descontento y finalmente a la rebelión de las colonias inglesas de Norteamérica

El Camino o Ruta de la Seda

La ruta internacional de comercio entre China y el Mediterráneo fué llamada *El Camino o Ruta de la Seda* por el geógrafo alemán Ferdinand von Richthofen, ya que la seda era el producto principal del comercio que se llevaba a cabo por el mismo.

Este camino comenzaba en Chang'an (hoy día Xian) continuaba por Hexi y llegaba hasta Dunhuang, donde se dividía en tres rutas a seguir: la Ruta Sur, la Ruta Central y la Ruta del Norte. Así se unían las culturas de China, India, Persia (Irán) Arabia, Grecia y Roma, la costa del Mediterráneo, el Mar Caspio y el Mar Negro.

Bajo la dinastía Yuan cuando los mongoles controlaban China, desde 1276 hasta 1368, los chinos canjeaban las sedas por medicinas, perfumes, piedras preciosas y también esclavos.

Al mismo tiempo, las rutas por donde este comercio se llevaba a cabo, se iban convirtiendo por día, en caminos peligrosos. Por lo tanto las ganancias iban disminuyendo y el *Camino de la Seda* poco a poco dejó de ser la ruta preferida por los comerciantes. Al final del siglo XIV la actividad mercantil a lo largo de estos caminos decreció notablemente.

Lo opuesto sucedió en el comercio ultramarino. Poco después que Cristóbal Colón reclamó las nuevas tierras en nombre de España, el comercio a través de los mares aumentó considerablemente.

Los europeos tenían dos motivos principales para establecerse en estas tierras. Primero era la conversión al Catolicismo de los pueblos indígenas. Segundo, y quizás preferido al anterior, era encontrar grandes riquezas.

Además los europeos poseían los recursos necesarios para llevar esto a cabo estas actividades. España, Portugal, Inglaterra y Holanda, poseían la tecnología necesaria para navegar por todo el mundo. Los portugueses tenían barcos de tres mástiles con timones de popa y podían navegar 45 grados contra el viento. Además navegaban a través de altas marejadas y azotados por enormes tormentas sin poner en peligro a los buques o a sus tripulaciones.

Todos tenían cartas de navegación, el astrolabio y vastos conocimientos de Astronomía.

Los viajes de Colón y de Vasco da Gama, demostraron las posibilidades de viajar de Europa a la India y marcaron el comienzo de lo que hoy llamamos "globalización"

El primer viaje de da Gama fue muy costoso ya que justo al comienzo de la expedición, se perdió un buque y además la mitad de la tripulación de abordo. Sin embargo, se ha determinado que las cantidades de especias que trajeron de regreso los barcos que hicieron la travesía completa, tenían un valor de más de sesenta veces el costo de la expedición.

Desde ese momento el comercio de especias se convirtió en uno de los más importantes y lucrativos para Portugal, al abrir da Gama los caminos que llevaban de Europa hasta Asia.

Poco después del primer viaje de Colón, los barcos españoles comenzaron a traer productos de las posesiones españolas. Para evitar los ataques y el saqueo por parte de piratas y corsarios y particularmente debido a la recomendación de Pedro Menéndez de Avilés, se creó un sistema de convoyes para proteger los barcos durante las travesías de ida y vuelta a España.

CONSULADOS y las Zonas Pesqueras del Atlántico

Consulados, los precursores de las Cámaras de Comercio y otras entidades legales, se establecieron con el propósito de regular el comercio. Todos eran llamados *Consulado del Mar* añadiendo el nombre de la ciudad correspondiente. Sin embargo, algunos no estaban en ciudades portuarias como era el caso de Burgos en España.

Ya en 1347 el Consulado de Barcelona fue autorizado por el rey Pedro IV; a éste le siguieron Tortosa en 1363, Gerona en 1385 y San Feliú en 1443. A fines del siglo XIV la oficina del Cónsul del Mar estaba establecida en todas las ciudades a lo largo del Mediterráneo.

A fines del siglo XV Bilbao se había convertido en uno de los “destinos marítimos” más importantes en el norte de España y Francia. El día 22 de junio de 1511, la Reina Juana firmó un decreto en Sevilla, autorizando el establecimiento del Consulado de Bilbao.

La Casa de Contratación de Bilbao tenía poder para decretar regulaciones u ordenanzas que gobernaran las transacciones mercantiles que afectaran las ventas, los comerciantes, los ingresos, daños y perjuicios, etc., siempre y cuando fueran ratificadas por el Rey. Todo con el propósito de favorecer el comercio.

Varias ordenanzas fueron decretadas y modificadas en numerosas ocasiones. Las *nuevas ordenanzas* fueron ratificadas el 2 de diciembre de 1737. Representaron la época más importante del Consulado ya que reunían asuntos marítimos y terrestres en una ley mercantil completa. Estas ordenanzas formaron parte integral de la Ley Mercantil de España y de las Américas, publicándose varias copias y nuevas ediciones.

Librería de Rosa y Bouret, edición de 1859 contiene las Ordenanzas de 1737 tituladas *Código de Comercio y Navegación* (*Laws of Commerce and Navigation*) en efecto en los Estados Unidos bajo el nombre de *Ordenanzas de la ilustre Universidad y Casa de Contratación de la M.N. y M.L. Villa de Bilbao.*

El comercio en las colonias españolas estaba regulado a través de las Casas de Contratación de Sevilla y Cádiz que fueron establecidas para asegurar que las colonias sólo comerciaran con los puertos designados para el comercio de ultramar, es decir Sevilla y Cádiz. España se convirtió en el país más rico de Europa.

El control de España sobre sus colonias americanas continuó por más de doscientos años y la prominencia global de España se sostuvo durante todo el reinado de los borbones en el siglo XVIII.

Al ascender al trono Carlos III, se les permitió a las colonias españolas participar del libre comercio y la Casa de

Contratación fue abolida y el uso de convoyes para proteger las flotas llegó a su fin.

Inglaterra también estableció ciertas entidades que garantizaban que el comercio de las colonias inglesas sólo podía llevarse a cabo con Inglaterra. Pasado el tiempo esto creó situaciones conflictivas y al final contribuyó a la rebelión de sus colonias.

El comercio con y entre las colonias generalmente se refiere al azúcar, ron, melaza, ciertos vinos, café, pimientos, índigo, cáñamo además de maderas y hierro. El comercio más complejo, de más duración y trascendencia y que más se ha debatido a través del tiempo es la Trata de Esclavos.

Sin embargo, la posesión y control de las zonas pesqueras de la costa del Atlántico era de gran importancia para las potencias europeas y eventualmente también para las colonias.

LOS VASCOS – El comercio trasatlántico del BACALAO

Existen varias teorías acerca de los vascos. Quiénes son y de dónde proceden. Hay quienes creen que son los iberos nativos. Han vivido siempre en lo que hoy conocemos como el noroeste de España y Francia. Euskera, su idioma es uno de los cuatro que no forma parte de la familia de idiomas Indo-Europeos. (Los otros son el Estonio, Finlandés y Húngaro). . *([*Mark Kurlansky, *COD, A Biography of the Fish That Changed The World. El BACALAO, Biografía del pez que cambió el mundo.)*

En sus narraciones Kurlansky, revela las condiciones favorables que propiciaron el desarrollo de las relaciones con las colonias durante la Guerra Revolucionaria.

Los que hemos tenido el placer de viajar con frecuencia por el País Vasco observando de cerca la vida y costumbres de sus habitantes compartimos las opiniones de Kurlansky.

Gracias a la gran cantidad de lluvia que recibe la región, las praderas se mantienen verdes todo el año, lo cual hace posible el cultivo de productos agrícolas y la cría de ganado. La industria metalúrgica también tuvo gran relevancia en la región particularmente en épocas anteriores.

Los vascos también son reconocidos como expertos navegantes, pescadores y excelentes comerciantes.

Durante la Edad Media cuando la carne de ballena era la fuente principal de alimentación, los vascos navegaban largas distancias y regresaban con grandes cantidades de ballenas. Esto era posible ya que habían descubierto enormes bancos de bacalao y perfeccionando un sistema mediante el cual salaban el bacalao antes de secarlo de modo que no se echara a perder y esto les proveía suficiente alimento durante los largos viajes.

Los vascos además son muy astutos y por lo tanto no divulgaron el secreto de sus largos viajes y la ganancia que los mismos producían.

Sin embargo, se sospecha que mucho antes que los vascos, los vikingos habían navegado desde Noruega y llegando a las mismas costas. Pero éstos no fueron tan afortunados como los vascos ya que encontraron muchas dificultades y contratiempos incluyendo la hostilidad de los habitantes de la región.

Durante las varias expediciones que llevaron a cabo, los vikingos aprendieron a preservar el bacalao pero lo hacían colgando el pescado a la intemperie de modo que el aire helado lo secaba y esto les permitía sobrevivir durante viajes relativamente largos.

Pero este no era un sistema tan avanzado y eficiente como el que practicaban los vascos. Como estos tenían suficiente sal y salaban el bacalao antes de secarlo les duraba mucho más tiempo permitiéndoles navegar mucho más lejos de donde habían llegado los vikingos.

Conocemos que la salazón de pescados y de carnes era una práctica común para preservar alimentos a lo largo del Mediterráneo y que la venta de éstos produjo durante siglos enormes ganancias a los egipcios y los romanos, mucho antes que los vascos se dedicaran a esta práctica.

Como los vascos controlaban en secreto el comercio del bacalao, su economía progresó rápidamente, especialmente una vez que la Iglesia Católica decretó la prohibición de comer carne los viernes. En este momento los vascos *encontraron su Tesoro.*

Eventualmente el secreto se descubrió dándose a conocer las ganancias derivadas del comercio del bacalao. Otros decidieron ir en busca de los bancos donde habitaba el codiciado pez y que quizás los vascos no habían descubierto aún.

En el 1497 se sabía a ciencia cierta que Colón no había encontrado una nueva ruta para llegar al Asia en busca de especias. Pero también se reconocía que la ruta descubierta era igualmente importante.

Otro genovés llamado Giovanni Caboto residente de Bristol (Gran Bretaña) embarcó en una expedición auspiciada por el rey de Inglaterra, Enrique VII. Este genovés pasará a ser conocido como John Cabot, aunque pocos conocen su herencia italiana. A pesar que éste tampoco encontró una ruta hacia el Asia, lo que si encontró fue una costa con abundantes bancos de bacalao, la cual nombró Terranova y la reclamó para Inglaterra.

Con este nuevo descubrimiento, el comercio del bacalao transformó los mercados locales y regionales de ocasión y así comenzó la globalización.

La globalización requirió otros cambios, no sólo en los mercados sino en las industrias pesquera, portuaria y metalúrgica. Se construyeron muelles y puertos donde los barcos pesqueros pudieran anclar sin problemas y también llevar a cabo reparaciones si era necesario. El puerto de La Rochelle (costa atlántica francesa) se encuentra en una bahía bien protegida por lo cual se convirtió en el primer puerto europeo para recibir los buques de Terranova.

Otros puertos de importancia se encontraban situados hacia el oeste – St. Malo en Bretaña y Vigo en España. – su situación geográfica era ideal pues acortaba el trayecto y la duración de los viajes. La ciudad vasca de Bilbao con sus herrerías, fundía anclas y otras guarniciones para todos los barcos de Europa, y pronto se convirtió en uno de los puertos principales del comercio del bacalao.

Bilbao y una de sus familias más ilustres – Gardoqui Arriquíbar, estableció en 1770 la compañía "Joseph Gardoqui e Hijo" (Joseph Gardoqui and Son) la cual prosperó debido a la concesión dada por Inglaterra a fines del siglo XVIII al permitir el comercio ultramarino de sus colonias, siendo el bacalao el principal producto de este comercio.

Los Gardoqui llegaron a ser muy conocidos como importadores respetables no sólo de bacalao sino también de otros productos como el salmón, azúcar, madera y cacao.

El comercio trasatlántico de los buques de Joseph Gardoqui and Son, se convertiría más tarde en un componente importante de la independencia de las trece colonias inglesas en Norteamérica apoyadas por la Corona española.

Estos buques llevaron grandes cantidades de mercancías, armamentos, municiones, ropa y otros artículos imprescindibles para las tropas rebeldes.

El rey Carlos III conocedor de la discreción y lealtad de la familia Gardoqui le proporcionó abundantes recursos del Tesoro Real – en un principio setenta mil pesos y seguidamente otros cincuenta mil – para utilizarlos en la compra de armas y material para los colonos rebeldes.

En más de una ocasión la familia Gardoqui añadió sus propios recursos así como los de varios amigos para aumentar la ayuda a los colonos proporcionándoles a los mismos aproximadamente un millón de reales.

De acuerdo a la lista presentada por Arthur Lee, el representante de las trece colonias en España, los siguientes artículos fueron recibidos:

30,000 mosquetes con bayonetas
251 cañones de bronce
300,000 libras de pólvora
12,686 granadas
30,000 uniformes
4,000 tiendas de campaña

El momento en que Inglaterra rompió su alianza con Portugal coincidió con el momento en que el bacalao se convirtió en un producto estratégico. Los ingleses no tenían gran conocimiento de los mercados europeos y los vascos se convirtieron en los principales proveedores de bacalao en el Mediterráneo.

Tanto los españoles como los portugueses que sí conocían la importancia del bacalao tenían la ventaja de poseer un extenso mercado doméstico donde vender todo el bacalao seco que procesaban.

Para empeorar la situación, los ingleses habían prohibido el comercio extranjero del bacalao de modo que los barcos ingleses no podían vender directamente a los puertos europeos. La situación mejoró cuando se cancelaron las restricciones e incluyeron otros productos.

Más tarde se construyeron otras estaciones pesqueras en varias regiones de las colonias, en Salem, Dorchester, Marblehead y Penobscot Bay. Los residentes de Nueva Inglaterra comerciaban mayormente con el puerto español de Bilbao y regresaban a casa con sal española. El ganado y verduras de Massachusetts también se canjeaban por bacalao.

Poco a poco los colonos de Nueva Inglaterra se convirtieron en comerciantes prósperos y llegaron a ser prácticamente independientes. En el siglo XVIII llegaron a ser reconocidos a nivel internacional especialmente en Massachusetts y Terranova donde se establecieron gremios de comerciantes y de intercambios culturales.

La pesca del bacalao y los múltiples cambios que resultaron de la misma dieron origen al comercio global que aún continúa desarrollándose.

La importancia de este pez se destaca principalmente entre el 1776 al 1778 cuando se acuñaron monedas con la imagen del bacalao. Los comerciantes que debían su prosperidad económica al famoso pez, a menudo decoraban el exterior de sus nuevas mansiones con la imagen del mismo.

Bilbao se convirtió en un centro comercial asociado con Boston ya que el bacalao era canjeado por vino, frutas y hierro. El comercio también incluía las Antillas donde otros productos españoles tales como la sal, azúcar y melaza eran comprados y los comerciantes regresaban a Boston habiendo devengado enormes ganancias.

Como resultado de las ACTAS Inglesas de Comercio y Navegación quedó establecido que el comercio inglés solo podía llevarse a cabo en buques ingleses atracados en puertos ingleses, de modo que las colonias solo podían comprar y vender sus productos en Inglaterra.

Sin embargo los colonos no estimaban que estas leyes les aplicaban a ellos y en el 1677 enviaron un mensaje al Parlamento inglés indicando que como ellos (los colonos) no estaban representados en el Parlamento estas leyes no les afectaban.

Por este motivo y en reacción a lo que se consideró una *insolencia por parte de los colonos,* en 1733 el Parlamento decidió aplicar más restricciones a la melaza. Lejos estaban de sospechar los miembros del Parlamento que esta era una acción más, que sumada a las anteriores, los colonos resentirían y que eventualmente los llevaría a la rebelión.

Bibliografía

Kurlansky, Mark, : "*COD, A Biography of the Fish That Changed The World", ISBN 978-0-14-027501-8, Penguin Books,1998; El BACALAO, Biografía del pez que cambió el mundo.*

Divar Garteiz-Aurrecoa, Javier: *"El Consulado de Bilbao y sus Ordenanzas de Comercio de 1737", ISBN 978-84-7752-465-3 Academia Vasca de Derecho, Bilbao*

Divar Garteiz-Aurrecoa, Javier: *"El Embajador Don Diego Maria de Gardoqui y la Independencia de los EE.UU" ISBN 2173-9102 Universidad de Deusto, Boletín Academia Vasca de Derecho, 2010.*

Calderón Cuadrado, Reyes – Monografía *"Empresarios españoles en el proceso de indenpendencia norteamericana. La Casa Gardoqui e hijos de Bilbao"* .Unión Editorial Instituto de Investigaciones Económicas y Sociales Francisco de Vitoria

"El personaje y su tiempo" – Archivo Foral, Servicio de Patrimonio Histórico, Diputaciòn Foral de Bizkaia *Signaturas BILBAO ACTAS* Archivo Foral, Servicio de Patrimonio Histórico, Diputaciòn Foral de Bizkaia

COMERCIO CÍCLICO – Las tres etapas

El tráfico de esclavos es el tópico comercial que más se ha discutido a través de todos los tiempos. El mismo tuvo su origen con la venta de cristianos por los musulmanes y la venta de árabes por los cristianos. Dado que el tráfico de esclavos resultó una de las operaciones mercantiles más lucrativas durante siglos, poco a poco se extendió incluyendo a individuos de otras nacionalidades y razas.

El comercio cíclico del siglo XVIII se conoce como el Comercio Triangular ya que conectaba comercios y economías a través de varias regiones y continentes: Europa, África, América del norte y del sur, el Caribe y el Océano Índico.

El nombre de Comercio Triangular se refiere al trayecto del mismo que consistía de tres etapas o paradas.

Primera etapa – buques llevando carga que consistía en armas, utensilios de cocina, textiles y caballos, navegaba de la Europa oriental hacia el África. Una vez allí estos se canjeaban por esclavos. Como no existía un límite de tiempo exacto en que esta primera etapa debía concluir, lo mismo duraba dos semanas que dos meses.

Segunda etapa –ésta consistía en cruzar el Atlántico para llevar los esclavos a las Américas donde se les vendía.

Tercera etapa – completaba el ciclo. Los buques regresaban a Europa con azúcar, algodón, café, tabaco, y otros productos.

Este tipo de comercio no siempre incluía paradas en los mismos puertos ni los buques transportaban siempre la misma carga, de modo que había muchas oportunidades para hacer cambios en el trayecto, que resultaba muy lucrativo.

Los esclavos no siempre estaban incluidos en una de las etapas. Alguna de éstas se dedicaban a productos agrícolas ó al vino. Uno de los motivos para alternar las rutas y los productos era el cambio en las relaciones políticas de los participantes.

El comercio triangular ofreció una gran oportunidad comercial para Boston a principios del siglo XVII. De Boston se llevaba al África ron destilado en Nueva Inglaterra y allí se cambiaba por esclavos los cuales eran transportados al Caribe para su venta. En el viaje de regreso a Nueva Inglaterra se cargaba la melaza que se utilizaba para destilar el ron. Las destilerías se convirtieron en negocios muy lucrativos en Massachusetts y Rhode Island.

Este comercio triangular no incluía ninguna etapa en Inglaterra lo que causaba gran preocupación al Parlamento y la Corona.

Bibliografía

www. historia del siglo XVIII – suite101.net consulta febrero 2013
www.historyworld.net/wrldhis/PlainTextHistories
www.americanhistory.about.com

CAPÍTULO 3

LOS BORBONES
PACTOS DE FAMILIA/PACTES DE FAMILLE

La dinastía borbónica, de origen francés, llegó al trono de España después de la muerte de Carlos II quien nombró como su heredero al francés conde de Anjou. Este ascendió al trono español como Felipe V, el primer Borbón español.

Tres alianzas/tratados firmados durante el periodo de 1733 a 1789 entre las monarquías de España y Francia se conocen con el nombre de *pactos de familia/pactes de famille*. Deben su nombre a la relación de parentesco que existía entre los reyes firmantes de los pactos. Los mismos pertenecían a la Casa de Borbón. Dos de estos pactos se firmaron en la época de Felipe V y el tercero en la de Carlos III e España y Luis XV en Francia.

Primer pacto de familia

Firmado por Felipe V de España y Luis XV de Francia el 7 de noviembre de 1733 en el Real Sitio de El Escorial. José Patiño Rosales de España y el conde de Rottembourg de Francia firmaron el pacto en representación de sus respectivos monarcas.

Segundo pacto de familia

El segundo pacto de familia fue firmado por los mismos monarcas – Felipe V y Luis XV - en Fontainebleau el 25 de octubre de 1743 durante la guerra de Sucesión de Austria.

Tercer pacto de familia

Carlos III (1716-1788) ascendió al trono de España después de la muerte de Felipe V y firmó con Luis XV el tercer pacto de familia en 1761 – Tratado de Paris –mediante el cual España recuperó Cuba y las Islas Filipinas y cedió La Florida a Inglaterra.

Jerónimo Grimaldi por España y el duque de Choiseul por Francia, firmaron el pacto en nombre de sus monarcas el 15 de agosto de 1761 en París. Según los términos del tratado los dos países hicieron causa común:

Quien ataca a una Corona, ataca a la otra.
Cada una de las Coronas tendrá como propios los intereses de la otra su aliada.

Renovación

El Tercer Pacto de Familia fue renovado en 1779 entre España y Francia. Por el tratado de Aranjuez; España declaró la guerra a Inglaterra y oficialmente se unió a las trece colonias en la guerra por su independencia.

Esta declaración oficial de guerra por parte de España puso fin a la colaboración secreta con Francia en apoyo de las colonias norteamericanas y la propia colaboración directa de España con las colonias inglesas por mediación de la Casa Gardoqui en Bilbao. Este tratado se considera una renovación del tercer pacto de familia, por tanto no se le nombra el cuarto pacto.

≈≈≈

Recursos Navales - Selección de Buques de línea de los Borbones

En los siglos XVII y XVIII España continuó considerada como una gran potencia naval, en posesión de 229 buques de línea, que fueron comprados y también construidos en los astilleros de la Armada, bien en España o en América.

Además poseía 369 embarcaciones auxiliares incluyendo fragatas, corvetas y otras embarcaciones para un total aproximado de 600 buques de guerra.

La llegada al trono de la dinastía borbónica en el 1700 con Felipe V significó la revitalización de la Armada, hasta entonces poco organizada. El monarca estaba convencido que el poderío naval era necesario para mantener el lugar de supremacía del cual España disfrutaba y además proteger las colonias de ultramar.

A continuación presentamos una pequeña selección que indica la variedad de buques durante los años borbónicos.

REAL FELIPE 1732–1750

Astillero: Guarnizo (Santander) Armamentos: 114 cañones, tres puentes, planos desarrollados por Autrán. Su característica más importante era su capacidad para llevar armas de fuego. El Real Felipe representó el primer intento de construcción de buque de tres cubiertas de 100 cañones aplicando los avances tecnológicos del siglo XVIII de la construcción naval en España

PHOENIX REAL 1749 – 1780

Astillero: La Habana - Armamentos: 80 cañones. Construido de madera tropical con un casco fuerte lo que explica la larga vida de estas embarcaciones.

SANTÍSIMA TRINIDAD 1769 - 1805

Astillero: La Habana - Buque insignia de la Armada. Armamentos: En 1769 tiene 120 cañones. En 1772 se unió a la escuadra del Mediterráneo y participó en la segunda batalla de Gibraltar. Además participó en las batallas de San Vicente y Spartel donde estuvo a punto de ser capturado. El buque impresionaba por su tamaño y se comentaba que la sola mención de su nombre impartía temor a los ingleses.

SANTA ANA 1784 - 1816

El segundo de este nombre. Astillero: El Ferrol
Armamentos: 112 cañones. El Santa Ana fue uno de los barcos de 112 cañones construidos en España en el siglo XVIII, formando parte de la serie llamada "Meregilda" en honor a San Hermenegildo. El buque podía navegar y girar continuando adelante en la dirección que el compás indicaba procedían los vientos, con el uso de un solo timón y sin desplegar las velas.

Copia del texto de Francisco José Díaz y Díaz y Luis Alberto Gómez Muñoz. León. España 1999 cortesía del Profesor Francisco Fernández-González, Gabinete de Historia de la Ciencia y la Tecnología Navales ETSI Navales-UPM

≈≈≈

CAPÍTULO 4
La Real Armada Española

La navegación en la Península Ibérica se remonta a la antigüedad por la condición de la península por lo que se considera a sus habitantes como expertos navegantes.

La historia de la Armada Española quizás comenzó a fines del siglo XV con la unión de los reinos de Castilla y Aragón.

Anteriormente la navegación era más bien costera a lo largo del Mediterráneo ya que no existía la tecnología que permitiera extenderse a otros puntos más lejanos.

Aparentemente todo cambió con la invención de la brújula en el siglo XIII y el desarrollo de la tecnología y construcción naval que permitieron a los portugueses bordear la costa de África y a España cruzar el Atlántico.

El poderío naval de España quedó establecido desde principios del siglo XVI, como lo demuestra la circunnavegación del mundo, la conquista de las Filipinas y la protección ofrecida durante trescientos años a las flotas de Indias, triunfos en batallas como Lepanto, además de la creación metódica de una organización única en la época.

Anteriormente, en sus primeros tiempos, la marina de guerra española no existía como tampoco existía en otros países de Europa – como hoy conocemos. Es decir, una marina formada por barcos propiedad del Estado que son especialmente construidos para la guerra. Debido a los ataques de corsarios y otros percances asociados con la navegación, todos los buques mercantes estaban equipados con cañones y armas. Cuando el Rey los necesitaba para resolver algún conflicto, descargaban las mercancías, descontinuaban las rutas comerciales y los tripulantes eran pagados por la Corona.

Con motivo de la promulgación de la ordenanza de 1543 se establecieron dos flotas anuales que componían la Flota de Indias.

Una llamada de Nueva España que partía de San Lúcar de Barrameda hacia las Antillas Mayores. Una vez allí seguía para Veracruz (México) donde recogía diversos cargamentos que transportaban de regreso a España.

La segunda llamada Tierra Firme cuyo primer destino era las Antillas Menores continuando hacia Panamá.

Ambas flotas llevaban oro de México y Perú y plata de Potosí, perlas, piedras preciosas, vainilla y plantas valiosas como el palo de Campeche. Por esta razón eran escoltadas como mínimo por 2 galeones que contaban con cuatro cañones de hierro, ocho cañones de bronce y veinticuatro piezas menores.

Pronto se hizo evidente que solamente 2 galeones no ofrecían protección suficiente al cargamento ni aseguraban su llegada de regreso a España sin mayores pérdidas o tropiezos. Por tanto cada flota iba escoltada por 8 o 10 galeones y a partir de entonces se les dio a conocer con el nombre de *convoy de galeones.*

Durante los trescientos años de existencia de la Flota de Indias sólo dos convoyes fueron hundidos o apresados por los ingleses, demostrando la extraordinaria capacidad marítima española.

En 1571, en la batalla de Lepanto, quedó reconocido el mayor triunfo de la Armada española, con los principales mandos a cargo de Álvaro de Bazán, Andrea Doria y Luis de Requesens. El 7 de octubre en el golfo de Lepanto se debilitó extensamente el entonces poderío naval turco y además se terminó con el avance musulmán en el Mediterráneo.

El mito inventado por los ingleses en el 1588 respecto a la destrucción de la que ellos apodaron "Armada Invencible" se debió a lo ocurrido después de la batalla de Gravelinas en la cual la Armada se dispersó.

El Jefe de la Armada Marqués de Medinasidonia, calculó que no tenía suficientes municiones y decidió regresar a España navegando hacia el Norte y bordeando a Irlanda. Durante el trayecto la flota fue azotada por una tormenta tan intensa que causó el naufragio de muchos buques y además las condiciones del frío intenso afectaron a la tripulación.

Es decir que el intento de invasión de Inglaterra fracasó pero la destrucción de una parte de la flota española no fue causada por Inglaterra sino por las inesperadas inclemencias del tiempo.

A pesar de todas estas circunstancias adversas, el daño causado a la Armada española se extendió a sólo 4 naves de las 130 de la flota española y 800 hombres de un total de 29,000. Es cierto que la Armada sufrió una derrota pero no fue causada exclusivamente por la acción de la escuadra inglesa ni tampoco fue destruida en su totalidad.

≈≈≈

Felipe V - Renacimiento de la nueva Armada Real

A pesar de esta falsa propaganda inglesa indicando que España perdió supremacía naval después de este suceso, en realidad el poderío naval español renace con la Real Cédula de febrero de 1714 promulgada por Felipe V, el primer Borbón español. La misma define lo que se convertiría en la nueva marina y por primera vez se le llama Real Armada – indicando un conjunto de fuerzas marítimas destinadas al uso exclusivo del Estado.

Por esta Real Cédula se creó una Secretaría de Marina e Indias desde donde se llevaban a cabo las reformas de modernización de la Armada. El Rey nombró a Bernardo Tinajero como el primer Ministro de Marina de España.

Las reformas comenzaron con la nueva regulación de los grados y cargos navales, : - *Almirante General del Mar - - Gobernador del Mar - -Teniente General del Mar --Capitán General de Armada.- -Almirante General de Armada - Almirante Real de Armada - Almirante de Armada - -Capitán de Mar y Guerra*

El Ministro de Marina, tenía la máxima responsabilidad de la Real Armada y reportaba directamente al Rey y al Primer Ministro.

Don José Patiño fue nombrado General de la Marina y las reformas continuaron con la creación de una academia profesional, La Real Compañía de Guardamarinas, donde se ofrecía instrucción militar y marítima ofreciendo la más amplia formación científica de la época, por lo cual ingresaban en la misma alumnos procedentes de toda Europa

Más tarde se creó en Cádiz el prestigioso Observatorio de Marina y además se organizaron el Cuerpo de Batallones o Infantería de Marina y el Cuerpo de Ministerios, encargado del sostenimiento de la flota. En esta misma época se establecieron los departamentos marítimos, a los que se asignaban las respectivas escuadras - Cartagena, Cádiz, El Ferrol.

Reconociendo que era imprescindible que la Armada tuviera a su disposición todo lo necesario para su continuo abastecimiento se establecieron fábricas y almacenes cuya única función era la de suministrar todo lo que la Armada requiriera para sus operaciones.

El responsable de este resurgimiento y organización fue José Patiño, quien como Intendente General (1720-1726) y Secretario de Marina (1726-1736) se dedicó a llevar adelante estas reformas. las cuales convirtieron a España en una gran potencia naval.

"La Infantería de Marina española es la más antigua del mundo, cuyo origen se data de los tiempos de Carlos V/Carlos I , específicamente en 1537- SE FIJA EL AÑO MIL QUINIENTOS TREINTA Y SIETE COMO ANTIGÜEDAD DEL CUERPO DE INFANTERIA DE MARINA, (1537). Dado en Madrid a diez de julio de mil novecientos setenta y ocho. Rey JUAN CARLOS I".

A la muerte de Patiño la labor de finalizar la obra de organización de la Armada le tocó a Zenón de Somodevilla a quien se le otorgó el título de Marqués de La Ensenada debido a la magnífica ejecución de sus responsabilidades como Secretario de Marina.

≈≈≈

Felipe VI – más reformas

Tan pronto como Fernando VI ascendió al trono, Somodevilla fue llamado a presentar su programa de expansión de la fuerza naval. Este programa se basaba en la premisa de que España necesitaba una fuerza naval que pudiera garantizar sin interrupción dos situaciones esenciales: primero las comunicaciones con el imperio ultramarino y además un ejército para asegurar su independencia.

Inmediatamente surgió la objeción respecto a que España no contaba con los recursos necesarios para semejante iniciativa.

Somodevilla presentó una solución de doble perspectiva - desde el punto de vista marítimo y diplomático y el punto de vista político interno.

Es decir, incrementar suficientemente la construcción de buques de guerra de modo que convirtiera a España en árbitro diplomático entre las dos primeras potencias, y así poder continuar su propia política interna de construcción y organización.

Inmediatamente puso al frente de la construcción naval a Jorge Juan quien procede a estudiar y aplicar innovaciones técnicas de la época, estableciendo el navío de línea de 74 cañones como centro principal de las escuadras.

"Desde 1750, la inversión más importante de la monarquía fue construir una gran armada, capaz de competir con la británica y la francesa, para lo que empleó decenas de millones de pesos en un proceso que llevó a la construcción de más de dos centenares de navíos y fragatas en un tiempo record, pero también a disponer de arsenales y astilleros altamente tecnificados", Un gasto que supuso, junto a la suma destinada al ejército, cerca del 70% del gasto de una monarquía que se encontraba en su mejor momento de bonanza fiscal, gracias sobre todo a los ingresos americanos

España contó a mediados del XVIII con una poderosa armada, un instrumento extraordinaria-Mente desarrollado, de un gran valor tecnológico y producto de un alto nivel científico, que la impulsó a formar parte del grupo de potencias implicadas en el nuevo concepto ilustrado de dominio y transformación del mundo". Profesor Juan Marchena Fernández - Universidad Pablo de Olavide (UPO)

Esta es la Armada cuya alianza Francia necesitaba para enfrentarse a la marina inglesa y garantizar el triunfo. España poseía una armada lista para navegar y entrar en conflicto. Esto cambiaba el balance de la situación de modo que era esencial tanto para Estados Unidos como para Francia que esta alianza se solidificara.

" Si los españoles unen sus flotas a Francia y comienzan las hostilidades mis dudas todas desaparecen. Si no me temo que la marina inglesa tiene demasiado poder para contrarrestar los planes franceses" . George Washington, carta de octubre 4, 1778 al gobernador Morris.

En 1781 la marina inglesa contaba con 94 buques de línea comisionados. Esta flota excedía la de Francia en buques y armamentos, por tanto Inglaterra conservó una superioridad naval en las Américas hasta el momento de la alianza entre Francia y España. Debido a esta alianza la flota inglesa debió redistribuirse para proteger simultáneamente Gibraltar, sus posesiones en el Caribe y defender a Inglaterra de una posible invasión por parte de los aliados en vista a este escenario.

El gráfico – presentado en nuestra introducción – ilustra la ventaja expuesta por el ministro Vergennes.

Total buques de línea, Aliados vs. Inglaterra 1778-82

Año	**Francia**	**España**	**Holanda**	**Colonias**	**Aliados**	**Inglaterra**
1778	52	0	0	0	52	66
1779	63	58	0	0	121	90
1780	69	48	0	0	117	95
1781	70	54	13	0	137	94
1782	73	54	19	0	146	94

"Así resultó que cuando De Grasse entra a la Bahía de Chesapeake en agosto 31 de 1781 traía consigo 28 buques de línea y 6 fragatas lo que le da el control de esas aguas. " Documentos de George Washington, 81

≈≈≈

Carlos III

España llegó a la cima de su poderío naval durante el reinado de Carlos III. En esta época se construyeron tres series de barcos cuyos diseños se basaron en distintos conceptos vigentes en la época. Con los planes y conceptos de Jorge Juan y

Gautier con sus modificaciones personales relativas al sistema inglés, se introdujeron reformas.

Hacia fines de siglo, Romero Landa hizo una síntesis de los avances en materia de construcción naval de todo el siglo y con sus propias aportaciones apareció el tercer sistema de construcción, el sistema Romero Landa.

De aquí se creó una escuela distinta y original para la construcción de barcos que demostraron ser resistentes a los peores temporales y las batallas más agotadoras.

Hemos de destacar en estos momentos los ataques y la represión del corso norafricano. Barceló al mando de su división de jabeques, en su labor de terminar con la piratería en los mares logró lo que nunca antes se había logrado.

La dificultad para atacar una plaza por mar se encontraba en la inferioridad de los buques de la época que eran construidos de madera y con velas, haciendo sumamente difícil la lucha contra las fortalezas en tierra.

Como solución al problema Barceló diseñó una armadura especial como una pieza giratoria de 24 cañones y para protección de la dotación un parapeto que iba forrado de corcho por dentro y por fuera. A pesar de las objeciones de los que opinaban que los barcos no podrían soportar tal peso, Barceló continuó con su diseño y en realidad proporcionó a sus embarcaciones un blindaje de hierro que las protegía casi completamente, de tal manera que cubría por debajo de la línea de flotación.

Después de numerosas victorias el Rey le concedió a Barceló el grado de teniente coronel y la condecoración de la Real Orden de Carlos III.

≈≈≈

La Flota Española del siglo XVIII

En 1779 España, en todo el esplendor de su poderío naval, declaró la guerra a Inglaterra consiguiendo alinear 39 navíos y 13 fragatas que, junto a los 28 navíos franceses, otorgaban la superioridad sobre la flota enemiga, temiéndose en Londres que esta nueva Armada si podría ser la verdadera *Real Armada Invencible*.

A la muerte de Carlos III, en 1788, la Real Armada contaba con 78 navíos de línea, 51 fragatas, 6 corbetas, 13 urcas, 15 jabeques, 10 balandras, 31 bergantines, 5 paquebotes, 2 lugres, 7 goletas, 5 pataches, 4 galeras, 4 galeotas y 75 lanchas cañoneras.

Entre los años 1700 y 1790 la reconstrucción de la Armada comenzó con la construcción del navío de línea en cinco astilleros.

La Habana

Este fue el astillero principal con 197 barcos construidos en noventa años. Desde el *Santísima Trinidad* de

120 hasta los 12 cañones de *Nuestra Señora de Loreto*. Jacobo de la Pezuela, Diccionario Geográfico, Estadístico e Histórico de la Isla de Cuba. Envío de Santiago Roig Mafé

El Ferrol

Entre 1720 y 1790 el número de buques construidos en este astillero ascendió a 50 incluyendo el *San José* de 112 cañones. Capturado por Nelson en el Cabo de San Vicente y renombrado *San Josef*, se convirtió en el primer buque insignia de Nelson indicando la calidad de los barcos españoles.

Guarnizo

Cerca de Santander, se produjeron 37 buques incluyendo el primer navío de tres puentes y 114 cañones en 1732 – el *Real Felipe y en 1766 el San Juan Nepomuceno.* Este último en *1*781 era el buque insignia de José Solano de la escuadra de La Habana, de donde partieron a la conquista de Pensacola.

Cartagena

Se construyeron 19 barcos cuya principal función era apoyar a los navíos que navegaban entre Cádiz y Cartagena.

La Carraca. (Cádiz)

En los astilleros de Cádiz se construyeron 7 navíos de 60 cañones cuya función era servir de escolta a los convoyes.

En 1794 había 79 navíos en el servicio activo; 20 de primera o segunda categoría, 50 de tercera categoría y 9 de cuarta categoría. Complementados por 53 fragatas y 52 buques de diferentes clases, constituyendo la segunda marina del mundo.

En 1797 la Armada disponía de 239 buques, de ellos 76 navíos y 52 fragatas, la cifra más elevada de todo el siglo. (artículo "El navío de tres puentes en la Armada española" José Ignacio González-Aller Hierro).

CARLOS IV

Al llegar al trono Carlos IV, con Antonio Valdés como Secretario de Marina continuó la construcción de buques que se había comenzado anterior a su llegada al cargo. En el año 1789 se construyeron 6 navíos de los cuales 2 eran de tres puentes, 16 fragatas y además 2 corbetas construidas especialmente para la exploración marítima.

Además a iniciativa de Valdés en 1792 se estableció, el Museo Naval por resolución del Rey: *"El Rey tiene resuelto establecer en la Nueva Población de San Carlos un Museo de Marina que, a más de la biblioteca general, reúna todas las ciencias naturales que son necesarias para la completa instrucción del Cuerpo de la Armada, y consiguiente utilidad en ella".*

La Marina jugó un papel muy importante en esos momentos, teniendo la responsabilidad de la defensa de las costas, además de estar encargada de realizar los levantamientos cartográficos de las rutas marítimas correspondientes.

En septiembre de 1788, el explorador italiano Alejandro (Alessandro) Malaspina, junto con José de Bustamante y Guerra, propuso al gobierno español la organización de una expedición político-científica alrededor del mundo visitando todas las posesiones españolas de ultramar.

La expedición científica alrededor del mundo al mando de Alejandro Malaspina y José Bustamante y Guerra, se llevó a cabo entre 1789 -1794. Titulada *"Plan de un viaje político-científico alrededor del mundo"* navegando en las corbetas *Santa Rufina y Santa Justa* (*Descubierta y Atrevida*) y levantando cartografía hidrográfica de los territorios que iban cruzando.

En las corbetas fueron los mejores astrónomos e hidrógrafos de la Marina española, acompañados también por grandes naturalistas y dibujantes. Además los acompañaba José de Mazarredo su principal asesor, ya que Malaspina decidió emplear la técnica hidrográfica de Mazarredo, que ya había sido utilizada por Vicente Tofiño para preparar los mapas del litoral español y africano en su *Atlas marítimo de España*.*

* Museo Naval de Madrid ("Archivo Guillén-Expedición Malaspina, 1788-1806"). *La expedición Malaspina 1789-1794: viaje a América de las Corbetas «Descubierta» y Atrevida».*- (Madrid, Ayuntamiento, Ministerio de Cultura, Ministerio de Defensa, 1984). Thomas F. GLICK / José María López Piñero / Juan Pimentel.

Al concluir la época de Valdés se comenzó a abandonar el interés en la flota. No se construyeron nuevos navíos y tampoco se repararon los existentes. Los suministros no se reabastecieron en las fábricas, almacenes y arsenales y además se suspendió el entrenamiento de las maniobras navales.

El porqué de este cambio de actitud es simple. Esta gran Armada había crecido de una manera tal que superaba las posibilidades económicas del país para mantenerla tanto en inventario y reparaciones como en el número de hombres a su servicio.

≈≈≈

El ocaso de la Armada

Ya en 1746 el Marqués de la Ensenada informó a Fernando VI que aún cuando hubiera recursos suficientes para construir una flota equiparable a la inglesa "*no hay gente para tripularla*".

En 1796 el Almirante Mazarredo informó a Godoy que la flota necesitaba 90,000 marinos pero sólo contaba con 53,000. Se ha estimado que este informe causó la destitución de Mazarredo por orden de Godoy. Desde entonces y hasta finales del siglo XX, con alguna excepción en época de Isabel II, España olvidó a su marina.

En 1799, un consejo de guerra de oficiales generales de la Armada presentó al Rey un plan general de reformas que incluyeron una drástica reducción del presupuesto naval.

El 21 de octubre de 1805 en el cabo Trafalgar se derrumbaron los sueños de triunfo de la entonces famosa, incomparable y temida Armada española.

Sin embargo, contrario a la falsa opinión generalizada y diseminada por parte de los ingleses, la batalla de Trafalgar no significó la destrucción total de la Real Armada Española.

En el 1805 a pesar de las pérdidas de 19 buques, la Armada continuó considerada como una de las marinas más poderosas de todo el mundo.

Al retirarse de España las tropas de Napoleón, vuelve al trono el rey Fernando VII. En 1817 se diseñó un plan naval para la reconstrucción de la flota a iniciativa del ministro Vázquez Figueroa con el propósito de adquirir 20 navíos, 30 fragatas, 18 corbetas, 26 bergantines y 18 goletas. Inicialmente se adquirieron 6 buques pero poco después el Rey Fernando VII destituyó al ministro y el plan no se finalizó.

≈≈≈

La Constitución de 1978
La nueva Armada del Siglo XXI

José Ignacio González-Aller Hierro

La llegada de la Democracia trae consigo la reformulación del papel de las Fuerzas Armadas en el país, que se adaptan al nuevo papel que la Constitución de 1978 les otorga y ordena, en consonancia con el resto de democracias occidentales. Según el texto constitucional, las fuerzas armadas, entre ellas la Armada, tienen como misión garantizar la soberanía e independencia de España, defender su integridad territorial y el ordenamiento constitucional (artículo 8)

Con el ingreso de España en la OTAN la Armada se integra en el sistema de defensa occidental, lo que la obliga a una modernización de material y sistemas tecnológicos, en la que la industria nacional tiene un papel cada vez más destacado, con la construcción de nuevos navíos como fragatas, submarinos y el primer portaviones, el R-11 Príncipe de Asturias. Los buques de la Armada se integran también en las maniobras periódicas y flotas de vigilancia de la alianza atlántica. La caída del telón de acero obliga a redefinir la estrategia general de Europa occidental, centrada hasta entonces en la guerra fría.

La Armada se dota de una organización y estructura moderna y eficaz, con el objetivo de cumplir los objetivos marcados por la constitución y el marco estratégico mundial, y con un ejército totalmente profesional, con oficiales y tropa voluntarios. A finales de los años 90 la Armada comienza a participar en diversas misiones internacionales: la primera guerra del golfo, la intervención de la OTAN en Yugoeslavia, y diversas operaciones logísticas de ayuda humanitaria, como la crisis del huracán Mitch. Sus buques vuelven a navegar por todos los océanos; la Armada vuelve al escenario internacional.

≈≈≈

La Real Armada Española- breves datos importantes

www.armada.mde.es

• La Real Armada Española, una de las más antiguas del mundo y primera en establecer normas dando unidad al funcionamiento de cada buque de guerra.

• Siglo XVI: Creadora del concepto de convoy naval (Flota de Indias).

• Primera en circunnavegar la Tierra. [1519-11521] Expedición Magallanes-Elcano .

• Creadora y primera en utilizar la infantería de Marina (1537).

• Primera en contar con un destructor en servicio (1887). *El Destructor*, diseñado por el oficial naval español Fernando Villamil en 1885.

• Primera en disponer de un submarino torpedero inventado por Isaac Peral en 1888, el Submarino Peral.

• Creadora del concepto moderno de desembarco anfibio (con carros de combate y un mando unificado de las fuerzas navales, terrestres y aéreas) puesto en práctica en el Desembarco de Alhucemas, resultando exitosa y poniendo fin a la Guerra de 1925.

NOTA: Los oficiales que planificaron el desembarco de Normandía estudiaron a fondo la estrategia empleada por la Armada Española dos décadas antes.

• La primera armada del mundo en utilizar aviones de despegue vertical, el Harrier AV- 8A «Matador» en portaaviones; en el Dédalo (R 01) (ex-USS Cabot). Esta práctica se ha extendido a otros países como Estados Unidos, Reino Unido, Italia, etc. En la actualidad España sigue operando con versiones evolucionadas de este tipo de aviones VSTOL (Harrier II).

≈≈≈

España como potencia naval - siglos XVII y XVIII

Entre 1700 y 1800 la Real Armada contaba con 229 navíos de línea y 369 navíos auxiliares.

Al ascender al trono Felipe V, el primer Borbón español, se inició una revitalización de la Real Armada, ya que el monarca estimaba que el comercio lucrativo con América y las Islas del Pacífico dependía de las flotas mercantes y militares.

En 1714, Felipe V nombró a Bernardo Tinajero como el primer ministro de marina de España. Tinajero, quien compartía la opinión del Rey referente a la importancia y protección de las comunicaciones y el comercio a través del Atlántico, comenzó en 1713 la reorganización de la Armada y ordenó la construcción de 10 navíos de sesenta cañones en el astillero de La Habana.

Don José Patiño fue nombrado Intendente General de Marina en 1720 y dió un gran impulso a la Armada creando los Arsenales de Ferrol, Cartagena, Santander (Guarnizo), Cadiz (La Carraca) y La Habana.

Entre 1736 y 1743, el Marqués de la Ensenada, se hizo cargo de la Armada. Trabajando con Jorge Juan conocido marino científico que modificó los diseños de construcción naval de los ingleses diseñó un plan naval que permitiría la construcción de 70 navíos y 24 fragatas.

Al ascender al trono Felipe VI, tras la muerte de Felipe V, continuaron los planes de desarrollo de la Armada.

La Real Armada alcanzó su gran apogeo al ascender al trono Carlos III. En 1761 España entra en la guerra al lado de Francia, contra Inglaterra. Esta es la guerra que da impulso a la construcción naval.

La Flota de 1774: 58 navíos, la mayoría de 74 cañones y muchos de 80 ó más cañones, y 25 fragatas. En este período se construyó el *Santísima Trinidad* de 120 cañones.

Al final del reinado de Carlos III en 1788, la Real Armada contaba con 78 navíos y 51 fragatas además de otras pequeñas embarcaciones. Después de su muerte, su hijo Carlos IV continuó los esfuerzos para la expansión de la construcción naval y entraron en servicio 8 navíos, 4 de ellos con tres puentes y 21 fragatas.

Carlos V, ascendió al trono en 1788, tras el fallecimiento de su padre, y pocos años después se añadieron 8 navíos y 21 fragatas.

Sin embargo, el nombramiento de Manuel Godoy como primer ministro marcó entre 1791 y 1804, el comienzo de la desorganización de la Armada incluyendo la falta de reparaciones de los navíos, teniendo como consecuencia graves pérdidas en cuanto se refiere al número de navíos, además de la falta de dotaciones.

El siglo XVIII conocido como época ilustrada en Europa es reconocido como el siglo de oro de la Real Armada y de la construcción naval en madera durante el cual se crearon el Cuerpo de Oficiales, la Escuela de Guardias Marinas, cuerpo de Ingenieros Navales, y el real Observatorio Astronómico de Cádiz.

≈≈≈

Buques Españoles y la Independencia Norteamericana 1776-1783

Los navíos (y fragatas) que se destacan lo son, no sólo por su intervención directa en combates en aguas de

Norteamérica sino, también por el significado que tuvieron en la Real Armada y su contribución no dando tregua a Inglaterra, tanto en colaboración con Francia como actuando por cuenta propia, en aguas europeas (p.ej. canal de la Mancha) o en costas americanas.

(Los números representan la artillería de cada buque)

San Ramón 68
Santa Leocadia 34
Santa Matilde 34
Santa Cecilia 34
Arrogante (San Antonio de Padua) 74,
As*tuto* (San Eustaquio) 58,
Guerrero (San Raimundo) 74,
Rayo (San Pedro Apóstol) 80,
San Agustín 74,
San Francisco de Asís 74 ,
San Francisco de Paula 74,
San Luis 94,
San Nicolás de Bari 80,
San Rafael 80,
San Ramón 68,
Serio (San Víctor)
Santa Cecilia 40,
Santa Matilde 34,
Santa Rosalía 34,

≈≈≈

Otros buques en relación al conflicto norteamericano

Una escuadra combinada hispano-francesa de Solano y Guichen se organizó para llevar tropas y suministros a la Martinica, y poder enfrentarse a Rodney.

El 3 de Febrero de 1780 salió de Brest hacia Martinica un convoy de 90 buques mercantes con tropas, escoltados por una escuadra de 16 navíos de línea del conde de Guichen (*La Courone*). Al llegar a Martinica el 23 de Marzo unió su escuadra con la de De Grasse y dejó el convoy salvo en Fort Royal. A continuación se enfrentó al comandante inglés Rodney en tres sucesivos combates: 17 de Abril, 15 y 19 de Mayo.

En otoño de 1779 comenzó en Cádiz la preparación de un convoy con tropas y suministros para América. Las enfermedades dificultaron aún más la leva de marineros y de artilleros que se alargó hasta la primavera de 1780.

El 28 de Abril de 1780 zarpó de Cádiz un convoy de 100 embarcaciones, más 33 buques de línea españoles, 3 francesas y 2 americanas.

Solano tenía instrucciones de unir su escuadra a la de Guichen en Martinica. Para esquivar la persecución de Rodney implementó un ingenioso y afortunado plan que incluía varias batallas que terminaron el 7 de Junio en la Guadalupe, donde dejó su convoy a salvo en Basse Terre, protegido por los navíos *San Agustín* y *Astuto* y la fragata *Santa Cecilia.*

Solano y Guichen formaron una escuadra combinada de 25 navíos y varias fragatas y al avistarla, Rodney con sólo 17 navíos y 10 fragatas evitó combatirla.

El 5 de Julio de 1780 se separaron las dos escuadras, cada una con su convoy, tras haber sufrido los efectos del "vómito negro". La de Solano navegó a la Guaira, Cartagena, Puerto Rico y el Guarico y entró en la Habana el 4 de Agosto de 1780.

Por esta campaña exitosa Carlos III premió a Solano con el título de vizconde del Feliz Ardid y luego, después de la toma de Panzacola, con el título de marqués del Socorro. Guichen regresó a Cádiz porque estimó que Brest no le ofrecía seguridad.

Escuadra de José Solano y Bote en 1780

N *San Luis* 74
N *San Agustín* 74
N *San Francisco de Paula* 74
N *Gallardo* 74
N *Arrogante* 74
N *Astuto* 58
N *San Nicolás de Bari* 80
N *Velasco* 74
N *San Genaro* 74
N *Guerrero* 74
N *San Francisco de Asís* 74
N *Dragón* 64
F *Santa Cecilia* 40
F *Santa Rosalía* 34
Ch *Andaluz 36*
Pq *San Gil 64*
Ba *Duque de Cornwallis 64*

Al entrar España en la guerra contra Inglaterra como aliada de Francia se combinaron las operaciones navales – unas veces actuando en colaboración como en el caso antes mencionado – otras tomando posiciones estratégicas independientes para proteger los envíos de equipo de guerra y suministros asegurando que llegarían a las colonias.

Bibliografía

Alsina Torrente, *Juan* Conde de Albay., *Una Guerra Romántica 1778-1783 España, Francia e Inglaterra en la mar* Ministerio de Defensa, Instituto de Historia y Cultura Naval, Madrid, España 2006

Prof. Francisco Fernández-González Gabinete de Historia de la Ciencia y la Tecnología Navales
ETS INavales-UPM

Fernández Duro, Cesáreo: *Armada Española desde la unión de los reinos de Castila yde Aragón*, Vol 7. Museo Naval, Madrid, 1973.

Blanco Núñez, José María: *La Armada Española en la segunda mita del siglo XVIII*. IZAR, Madrid, 2004

Sebastián Zaragoza Soto, almirante general, jefe del Estado Mayor de la Armada (5 de octubre de 2004*). «Líneas generales de la Armada» (pdf). Armada Española.*

Las Armadas del mundo. ¿Cuáles son las más poderosas?. Revista Naval (abril de 1999).

Carlos Gómez-Centurión, La Armada Invencible, Biblioteca Básica de Historia —

Monografías—, Anaya, Madrid, 1987, ISBN 84-7525-435-5

Mariano González-Arnao, Esperando un milagro, nº 71 de La aventura de la Historia, Arlanza Ediciones, Madrid, septiembre de 2004.

Ocupación y apoderamiento de Gibraltar. Todo a babor. Historia naval.

Bernal, Antonio Ñiguez, *Las relaciones políticas, económicas y culturales entre España y los Estados Unidos en los siglos XIX y XX L* Universidad Complutense [1]El Buque en la Armada Española, ISBN 84-85041-50-X

Chant Christ, *Barcos de guerra*, Editorial Libsa, Madrid, 2006, ISBN 84-662-1252-3

Condeminas, Francisco *La marina militar española*, 2000, ISBN 84-930472-4-4

Goodman, David *El poderío naval español. Historia de la Armada española del siglo XVII,* 2001, ISBN 84-8307-403-6

Manera et.al., , Enrique *El buque en la Armada Española Madrid, 1999, ISBN 84-85041-50-X*

Fernández González, Francisco, *Reinar despues de morir. Dos planos del Santisima Trinidad que prolongaron su vida después de Trafalgar*

Revista de Historia Naval Num. 113 Instituto de Historia y Cultural Naval, Armada Española Ocampo, José Atnonio *La Historia Marítima en el Mundo: La primera catedra de Historia Naval (Murcia)* – Los francmasones en la Armada en el siglo XVIII - Documento.

Enlaces externos Wikimedia Commons contenido multimedia sobre la Armada Española.. Commons

Rescate Navío Santísima Trinidad por el navío Pelayo, Antonio Brugada, Museo Naval, Madrid

San Juan Nepomuceno, Buque insignia de José Solano y Bote, Marqués del Socorro, Museo Naval, Madrid

CAPÍTULO 5

España y Francia - Reacción inicial al conflicto

El apoyo de Francia a la revolución y finalmente a la independencia de las trece colonias norteamericanas, es bien reconocido y muy apreciado por todos en los Estados Unidos.

Sin embargo, la clase de ayuda, el momento en que se ofrece y los intereses franceses han sido tergiversados a través del tiempo.

Igualmente, el apoyo brindado por España al mismo conflicto apenas ha sido reconocido o agradecido y también se ha tergiversado a través del tiempo.

Los monarcas borbones – Luis XV de Francia seguido por Luis XVI y el rey de España Carlos III – ambos estaban de acuerdo respecto a proporcionar ayuda a los rebeldes norteamericanos. El 27 de junio de 1776, un mes antes que se firmara la Declaración de Independencia, España y Francia acordaron a través de una serie de conversaciones y acuerdos secretos, proporcionar asistencia económica a los revolucionarios

El camino seguido por cada nación antes de llegar a ofrecer ayuda total y abiertamente, nos revela los puntos considerados y como cada nación llegó a tomar la decisión final.

Como Francia decidió hacer pública su decisión de apoyo a las colonias unos meses antes que España, aparte de las contribuciones secretas de cantidades iguales aportadas por las dos naciones, esto ha creado una sombra que ha cubierto por siglos la imprescindible y generosa contribución de España.

Francia

El Tratado de París firmado en febrero de 1769 puso fin a la Guerra de los Siete Años. Como resultado de este acuerdo, Francia perdió todas sus posesiones en Norteamérica (Canadá), las Islas francesas en el Caribe, su influencia en India y otras posesiones ultramarinas.

Por medio del tratado Francia cedió la Luisiana a España y Gran Bretaña recibió la Florida española, lo que aseguró la supremacía colonial y marítima para la misma.

La deshonra sufrida por Francia como resultado de este tratado provocó el interés de la misma respecto al esfuerzo de las colonias americanas por lograr su independencia de Inglaterra. Además se comenzó a considerar la manera en que se podría prestar ayuda a las mismas con la esperanza de recobrar su prestigio internacional y destruir la supremacía inglesa.

En un principio, la política de Choiseul, ministro de Luis XV fue la de acumular información a través de un sistema de servicio secreto que proveía reportes que el mismo monarca revisaba personalmente, de modo que se rumoraba que Francia estaba dispuesta a brindar ayuda.

Al ascender al trono Luis XVI, los colonos americanos no sabían qué podían esperar del nuevo monarca y la situación se agravó con el cierre del Puerto de Boston por las autoridades inglesas.

El nuevo monarca nombró a Maurepas como su primer ministro y éste nombró a Vergennes a la oficina de asuntos exteriores. Vergennes era de la opinión que la monarquía era esencial para la preservación de la prominencia de Francia en el mundo y su prioridad principal era Francia. El ministro observba con cierto placer la insurrección de las colonias americanas y consideraba la misma como un recurso para destruir la supremacía inglesa.

Un nuevo agente secreto, Bonvouloir fue nombrado para continuar suministrando la información. En marzo de 1776 como resultado de las actividades subversivas de Bonvouloir un reporte fue presentado por Rayneval a Vergennes.

El mismo describía a Inglaterra como el gran enemigo de Francia e indicaba que el apoyo francés a las colonias americanas sería ventajoso para Francia por diversas razones.

Primero, reduciría el poderío inglés y elevaría el francés.

Segundo, el comercio de Inglaterra declinaría considerablemente y el de Francia aumentaría.

Tercero, Francia recuperaría todas las posesiones que pasaron a Inglaterra por el Tratado de París.

El mismo sugería que la ayuda financiera podría ser prestada indirectamente. La asistencia naval sería más difícil ya que no era posible prestarla abiertamente por temor a provocar a Inglaterra. El documento continuaba sugiriendo que Francia podría "inspirar a las colonias" a tener coraje y perseverancia con la promesa de ayuda cuando las circunstancias lo permitieran.

El 17 de marzo, Vergennes, basado en las recomendaciones de Bonvouloir presentó al Gabinete un documento titulado *"Consideraciones"*.

Si los dos monarcas (España y Francia) estimaban tener suficientes recursos militares para enfrentarse a Inglaterra, el destino proporcionaba ahora la oportunidad perfecta para la revancha contra Inglaterra y para recuperar todas las posesiones perdidas.

Pero este no era el curso a seguir en estos momentos y los dos monarcas comprendieron que debían proseguir de manera cautelosa y secreta. Para tomar este camino, Vergennes ofreció una propuesta de cuatro puntos.

Primero, tanto España como Francia deben tener cautela de no comprometerse.

Segundo. No deben confiarse en que la falta de acción por parte de Francia no resulte sospechosa.

Tercero. En caso de guerra, los dos monarcas deben asegurarse que el conflicto resultará beneficioso para ambos.

Cuarto. Que lo más indicado es continuar persuadiendo a los ingleses de que España y Francia no tienen intenciones de ir a la guerra, y al mismo tiempo continuar inspirando a las colonias a continuar su rebelión con la esperanza que eventualmente recibirán ayuda.

En el documento Vergennes explicó de manera detallada que el contacto directo de Francia con las colonias no era conveniente hasta que las colonias se declararan independientes.

Unos días más tarde, Turgot uno de los miembros del Gabinete respondió al documento preguntando con duda si la independencia de las colonias sería beneficiosa para Francia dado el estado del Tesoro francés.

En esos momentos el gobierno francés excedía sus ingresos por gastos de 20 millones y una campaña militar contra Inglaterra no parecía que podría resolver el déficit. Aunque no estaba completamente opuesto a una guerra opinaba que la decisión no debía ser prematura. Sin embargo, Turgot al igual que Vergennes era de opinión que un conflicto ofensivo debía ser evitado.

Saratoga

Primera batalla – 17 de septiembre de 1777
Segunda batalla – octubre de 1777

La derrota de los ingleses en Saratoga alteró completamente la dinámica del conflicto.

Inicialmente los problemas con las colonias se consideraban como un conflicto local teniendo como propósito el terminar con la rebelión de las colonias. Después de la batalla de Saratoga, el conflicto se convirtió en global, mediante el cual Inglaterra se enfrenta a las dos potencias más poderosas de la época – España y Francia.

Dos meses después de la derrota inglesa en Saratoga el día 6 de diciembre de 1777, el rey Luis XVI reconoció a los Estados Unidos de América. A principios de 1778, Luis XVI y su ministro Vergennes se reunieron con Banjamín Franklin y firmaron una alianza formal.

≈≈≈

Notificación a España

Para mantener intacta la relación de la Familia Borbónica, cordial y armoniosa de acuerdo a los Pactos de Familia, el rey Luis XVI le escribió al rey de España el 8 de enero de 1778 para compartir sus opiniones y las futuras acciones en relación a las colonias inglesas americanas.

En esta nota el monarca francés indicó que dada la derrota de Gran Bretaña en Saratoga y después de consultar a sus consejeros, creyó que era necesario participar en un tratado de amistad y comercio con las colonias.

Además explicó detalladamente en trece artículos las condiciones y consecuencias del tratado. Especialmente, en el preámbulo y los dos primeros artículos enumera las razones por las cuales España debería entrar en el conflicto y el tipo de ayuda que debería ser provista.

España

La actitud de España hacia las colonias evolucionó notablemente desde el comienzo del conflicto hasta el momento en que se unió al mismo en 1779.

Inicialmente, indicando públicamente su oposición a la rebelión de las colonias en parte, por la preocupación que las colonias españolas en América decidieran también independizarse. Además para evitar sospechas por parte de Inglaterra con respecto a un posible enfrentamiento militar con la esperanza de poder recobrar Gibraltar a través de negociaciones.

A España también le preocupaba la posibilidad de que Estados Unidos una vez independientes trataran de expandir su influencia y gobernar en el resto del hemisferio poniendo en peligro las posesiones españolas.

Sin embargo, ya en el 1775 España enviaba asistencia a través de Gardoqui quien en su correspondencia de febrero 15 de 1775 a Jeremiah Lee detalla los esfuerzos realizados para completar el pedido de armas y suministros que le han solicitado. (Joseph Gardoqui & Sons to Jeremiah Lee - Bilbao 15th Feby 1775)

A fines de 1776 España contribuyó secretamente a través de Francia, un millón de libras tornesas.

Por parte de las colonias existía gran ansiedad con respecto a la participación de España en el conflicto. En una carta de George Washington al gobernador Morris fechada el 4 de octubre de 1778, Washington expresa su preocupación y escribeque si el conflicto es solamente entre Francia y Gran Bretaña, los franceses serían superados por la fuerza inglesa, pero si España se une a Francia *"mis dudas desaparecerían"*.

En octubre de 1778 Vergennes indicó con urgencia que para obtener la participación de España era necesario evitar reclamaciones exorbitantes. Esto se refería al Canadá, Nueva Escocia., las Floridas, las zonas pesqueras de Terranova y la navegación por el río Misisipi.

Vergennes recomendó que el ultimátum del Congreso debería ser la devolución del Canadá a Gran Bretaña, Nueva Escocia retenida por Estados Unidos, la renuncia a las zonas pesqueras de Terranova y la devolución a España de los puertos que reclame en la Florida.

En cuanto a la navegación por el río Misisipi, Vergennes comentó que en el momento no veía razones por las cuales España se opusiera a esto.

A fines de octubre el ministro español Floridablanca, a pesar de su oposición inicial, estaba llegando a la conclusión de que España tenía que entrar en la guerra. Sin embargo, todavía existía la preocupación por parte de España en cuanto a las intenciones de Estados Unidos una vez independientes, con respecto a las posesiones españolas.

Vergennes compartía la preocupación de Washington con respecto a que Francia se enfrentara sola a Inglaterra, e indicó que la participación de España era una *"necesidad imperiosa"* para que los Estados Unidos pudieran liberarse del yugo británico y la marina francesa pudiera salvarse.

En diciembre de 1778 Vergennes escribió al Rey indicando con gran preocupación que si Francia se enfrentaba sola a Inglaterra esto sería en un plano de desventaja para Francia. Que a pesar de las condiciones propuestas por España, no sería prudente continuar las conversaciones al respecto lo que sólo evitaría tomar una rápida decisión para comenzar los preparativos necesarios para comenzar la acción militar.

Vergennes y otros líderes franceses consideraban que el número de buques de la Armada eran esenciales para superar la inferioridad francesa en cuanto a número de buques en comparación con los de Inglaterra. Vergennes tuvo que considerar con detenimiento y seriedad la sugerencia de España.

En febrero de 1779 el Congreso recibió un reporte el cual indicaba que España proponía un arbitraje con Inglaterra y España como mediador con la condición que el requisito para la tregua fuera el reconocimiento de la independencia de las colonias por parte de Inglaterra.

España insistió que los Estados Unidos tenían que participar en el arbitraje a pesar que se sabía que Gran Bretaña no participaría en ninguna negociación en la que los Estados Unidos participaran como país independiente.

España retiró su propuesta de arbitraje.

El 12 de abril de 1779 España y Francia ejecutaron un convenio secreto estableciendo las condiciones de su alianza.

El 19 de junio de 1779, Floridablanca envió un notificación a Grantham (embajador británico en España) informándole que el ministro español había sido retirado de Londres.

Unos días más tarde Grantham fué retirado de Madrid. Toda actividad diplomática entre los dos países concluyó.

Al entrar España en la guerra "el frente americano" se extendió de forma muy importante. En tierra, al España poseer la Luisiana y por ello el valle del Misisipi tenía el control de lo que se consideraba hasta el momento el límite.de las trece colonias.

Desde el punto de vista naval las operaciones, que hasta ahora se limitaban a las islas de Norteamérica, las Islas de Barlovento y las Antillas Menores, se extendían a toda la costa del Atlántico, excepto el Brasil,

El Pacífico hasta entonces considerado océano neutral, pasó a ser una posible zona de operaciones ya que se consideraba un "océano español" y finalmente la presencia en Filipinas. (Alsina Torrente, Juan. *España entra en campaña." Una Guerra Romántica".)*

No cabe duda que independientemente de los esfuerzos unidos de Francia y las colonias, España desempeñó el papel de mayor importancia en el conflicto norteamericano, tanto en las operaciones españolas como las franco-españolas.

Esto se debió principalmente a las operaciones robustas y agresivas de España al mando de Bernardo de Gálvez en el Golfo de México donde operaciones militares y navales en colaboración con Francia se llevaron a cabo contra los ingleses en Norteamérica y las Antillas Mayores.

≈≈≈

Roderique Hortalez et Cie.

Durante varios años las colonias americanas de Nueva Inglaterra comerciaron con las posesiones francesas, españolas y holandesas de las Antillas. Los comerciantes de Rhode Island pasaban de contrabando la melaza de fuentes francesas o españolas.

Cuando la rebelión comenzó a tomar fuerzas, las colonias se vieron necesitadas de fondos parar financiar el conflicto, fondos que no estaban disponibles en las colonias. Las primeras solicitudes de dinero, armas y pertrechos fueron dirigidas a los eternos enemigos de Inglaterra – España y Francia.

España y Francia accedieron a lo que podría denominarse una operación clandestina, ya que era imperativo que ambos países conservaran la apariencia de neutralidad.

En junio de 1776 el ministro francés Vergennes, estableció una corporación de comercio internacional, Roderique Hortalez et Cie., con sede en el Faubourg du Temple en París pero organizando las operaciones en la Isla de San Eustaquio en el Caribe.

Durante el siglo XVIII San Eustaquio se conocía más bien como "La Roca de Oro". Los comerciantes de Holanda, Dinamarca, Francia, Inglaterra, España y las colonias americanas en norte y sur América, llevaban a cabo sus transacciones comerciales en esta isla que en esos tiempos estaba considerada como una zona de comercio libre internacional

Siguiendo las instrucciones de Vergennes la corporación fue organizada por Pierre-Augustin Caron de Beaumarchais el cual era considerado una especie de hombre del renacimiento, ya que era escritor, dramaturgo, músico, diplomático y contrabandista de armas entre otras muchas profesiones. Este señor había adquirido influencia en la corte de Luis XV, pero su fama más bien está relacionada con sus libretos para obras musicales – *El Barbero de Sevilla* y *Las Bodas de Fígaro.*

Roderique Hortalez et Cie. era una corporación como muchas otras con oficinas en la isla y al igual que las demás dedicada a comerciar con los mismos clientes. Por lo tanto aunque sus negocios eran de índole completamente diferente a las demás corporaciones de la isla, la misma no despertaba sospechas.

La corporación proveía los medios de asistencia a los rebeldes por parte de España y Francia enviando el primer cargamento de armas y municiones comenzando en el otoño de 1776.

Para poder comenzar los envíos clandestinos de armas a las colonias, España y Francia contribuyeron por partes iguales la cantidad de un millón de libras tornesas.

Después de la derrota inglesa en Saratoga en 1778, Francia firmó una alianza con las colonias y unos meses más tarde en 1779 España declaró la guerra a Inglaterra. Aunque las colonias continuaron recibiendo ayuda de España y Francia ya no era necesario hacerlo clandestinamente. Roderique Hortalez et Cie. cesó sus operaciones al cabo de aproximadamente dos años de establecida.

≈≈≈

CAPÍTULO 6

Casa Gardoqui

La ciudad de Bilbao contaba en el siglo XVIII con varias familias acaudaladas y de gran reputación. De todas ellas la que sostuvo una relación de gran importancia relativa a la participación de España en la guerra de independencia de Estados Unidos, fue la familia Gardoqui-Arriquíbar.

El comercio marítimo entre Bilbao e Inglaterra fué comenzado por Don José de Gardoqui y Mezeta, prosperando más tarde debido a las concesiones hechas por Inglaterra a fines del siglo XVIII, permitiendo el comercio con las colonias americanas y con el bacalao como principal producto de importación.

La posición social y comercial de Don José se vio realzada al contraer matrimonio con Doña Maria Simona de Arriquíbar y Mezcorta, miembro de una de las familias de comerciantes más prestigiosas de Bilbao.

La familia creció con el nacimiento de ocho hijos. Cuatro niñas: María Concepción, María Francisca, María Josefa y María Rita. Cuatro varones: José Joaquín, Juan Ignacio, Francisco Antonio y Diego María.

Las hijas, excepto Josefa que tomó los hábitos, contrajeron matrimonio con distinguidos comerciantes. Doña Concepción con Don Waldo de Orueta. Doña Francisca con Don José Fausto de Vildósola, y Doña Rita con Don Francisco Antonio de la Quintana y Pando.

Los varones recibieron una esmerada educación y se dedicaron a varias profesiones. José Joaquín, el hijo mayor de Don José, recibió la educación relacionada con el comercio directamente de su padre con el objetivo que tomara rienda de los negocios en el futuro, como era costumbre en la época con respecto al hijo mayor.

"En el 1770 dado que la compañía había crecido considerablemente, se creó una sociedad familiar "Compañía Joseph Gardoqui e Hijo" en la cual José Joaquín fué designado como socio y factor. El capital fundacional fué de 1,429,000 reales, constando en la escritura un reparto de beneficios de cuatro quintas partes para el padre como socio mayoritario y una quinta parte para el hijo, José Joaquín". (Divar Garteiz-Aurrecoa, Javier: *"El Embajador Don Diego Maria de Gardoqui y la Independencia de los EE.UU" ISBN 2173-9102 Universidad de Deusto, Boletín Academia Vasca de Derecho, 2010)*

La Compañía Gardoqui llegó a ser reconocida como una entidad de gran reputación dedicada al comercio ultramarino de importación y exportación. Se establecieron lazos comerciales en varios puertos de la costa del Atlántico con la familia Cabot, Eldrige Gerry Company, y otras varias familias prominentes de las colonias especialmente en Boston y Salem.

Los demás hijos se destacaron en distintas profesiones. Juan Ignacio, el segundo de los varones de Ia familia fué miembro del Consejo Real de las Indias .y Caballero de la Orden de Carlos III.

Francisco Antonio, de vocación religiosa llegó a ser cardenal, siendo Auditor de la Rota Romana.

Diego María fue el hijo que estableció la relación más importante con las colonias norteamericanas y sus residentes más prominentes. De joven Diego pasó algunos años en Inglaterra estudiando inglés con el propósito de facilitar las operaciones comerciales de la compañía.

La actividad comercial de ultramar fue utilizada más tarde por Diego de Gardoqui y la Corona española para contribuir de manera extraordinaria a la lucha independentista de los americanos, enviándoles numerosos embarques de armas y suministros.

El rey de España Carlos III, conocedor de la fidelidad y discreción de la familia Gardoqui, utilizó su compañía, a la que dotó de abundantes medios (en una primera entrega el Tesoro Real facilitó secretamente a Diego de Gardoqui setenta mil pesos, completados después por otros cincuenta mil para comprar armas y suministros suplementarios para los rebeldes.

Los barcos de Gardoqui tomaban una ruta especialmente designada para llevar esta carga, saliendo de Bilbao por vía de la Habana con destino a Salem y Boston. Diego tomó parte muy activa en estos viajes debido a su conocimiento del inglés y su experiencia en asuntos de comercio americano ya que había viajado a menudo a Filadelfia a resolver asuntos relacionados con gestiones mercantiles como gerente representante de la compañía.

Además de los fondos proporcionados por la corona española, Gardoqui utilizó dinero de su propia familia y de otros colaboradores, que ascendieron aproximadamente a 1,000,000 de reales, para ayudar a los colonos.

(Arthur Lee representante de las colonias en España)

30,000 ,mosquetes con bayonetas
512,314 cajas de municiones
251 cañones de bronce
300,000 libras de pólvora
12,868 granadas
30,000 uniformes
4,000 tiendas de campañas

La excelente reputación de Diego María tuvo como resultado su nombramiento a varias posiciones de gran importancia. Fue nombrado Prior del Consulado de Bilbao, además miembro del Consejo Real y de la Orden de Carlos III, y más tarde nombrado primer Embajador de España ante los Estados Unidos de Norteamérica, como Encargado de Negocios.

Por todas estas razones, los ministros españoles Grimaldi, Aranda y Floridablanca confiaron en él la tarea de ayudar a las colonias inglesas de Norteamérica lo cual en un principio se realizó de manera subversiva.

El 2 de octubre de 1784 se firmó el Tratado de Versalles, mediante el cual Gran Bretaña reconoció la independencia de los Estados Unidos finalizando la guerra.

Inmediatamente Diego de Gardoqui fue nombrado Ministro Plenipotenciario y Encargado de Negocios de España ante el gobierno de los Estados Unidos de América.

Se estableció en una lujosa residencia en Manhattan donde ejercía sus funciones ante el Congreso de la nación emergente que en esa época estaba localizado en Nueva York. Una vez establecido, en 1785 donó fondos propios para la construcción de la primera iglesia Católica de la ciudad – la basílica de San Pedro en la calle Barclay en Nueva York. Fondos del Tesoro Real y de amigos de Gardoqui fueron también donados para la construcción de la iglesia.

Unos años más tarde, en 1787 la Convención de Filadelfia se reunión para establecer las normas para una elección presidencial. George Washington ganó la elección y se convirtió en el primer presidente de los Estados Unidos.

Gardoqui asistió como invitado especial a las ceremonias de inauguración del nuevo presidente y a las recepciones celebradas en los días siguientes. En un gesto de reconocimiento a la asistencia brindada por Francia y España a la independencia de la nueva nación, Lafayette y Gardoqui fueron sentados a cada lado de Washington.

En 1790 Gardoqui fue nombrado por Carlos IV, (rey de España después del fallecimiento de Carlos III) como Director General de Comercio y Consulados de España y las Indias.

En 1796 el Rey le nombró embajador a la corte de Cerdeña con base en Turín donde permaneció hasta su muerte en 1798.

≈≈≈

Gardoqui y el río Misisipi

El 8 de mayo de 1541, Hernando de Soto acompañado de aproximadamente cuatrocientos hombres dirigió una expedición que lo llevó a través de La Florida, Georgia, las Carolinas, Tennessee, Alabama, Arkansas, Texas y Oklahoma siendo los primeros europeos que llegaron al río Misisipi. Un año más tarde el 27 junio de 1542 De Soto murió a la orilla del mismo río.

Su fallecimiento abrió las puertas a Don Pedro Menéndez de Avilés quien más tarde tomó posesión de La Florida y todos los otros territorios en nombre de España. Por esta razón la monarquía española consideraba todos estos territorios norteamericanos como su propiedad y dominios, por lo que estimaba era su *"derecho natural universal"*. (Divar Garteiz-Aurrecoa, Javier: *"El Embajador Don Diego Maria de Gardoqui y la Independencia de los EE.UU" ISBN 2173-9102 Universidad de Deusto, Boletín Academia Vasca de Derecho, 2010)*

Al terminar la guerra, el Congreso Continental insistió en negociar con España un acuerdo relacionado con las fronteras y el comercio a lo largo del río Misisipi basado en el tratado de paz entre Inglaterra y los norteamericanos (1783).

El Congreso demandaba el libre comercio en su totalidad y el reconocimiento de la frontera del punto medio del Misisipi y el paralelo 31.

Al España tener control del territorio de la Luisiana, en particular el área entre la vertiente al oeste de las Apalachinas y el río Misisipi, se sobrentendía que los límites estaban determinados por su posesión del "valle" basado en el criterio español del significado del "valle" y los ríos que fluyen por el mismo. De acuerdo a esta interpretación todos los tributarios del río Ohio, de ribera a ribera, eran territorio español.

En contraste, los americanos creían que ellos habían heredado los derechos que pertenecieron anteriormente a Inglaterra y que se extendían hasta la orilla del río.

John Jay fue enviado a España como representante norteamericano para tratar de resolver la situación y proponer un acuerdo al ministro Floridablanca.

Gardoqui fue nombrado Encargado de Negocios en 1784 y su misión principal era la de presentarse ante el Congreso para negociar los límites y la navegación en el río Misisipi basado en cuatro puntos principales:

1. *Para resolver la cuestión de establecer una amistad sólida con América, posiblemente accede a ciertos pequeños detalles como son el establecimiento de la Luisiana y el oeste de La Florida hasta que pudieran librarse del estrecho de las Bahamas.*

2. *Asegurar los derechos exclusivos de navegación en el río Misisipi particularmente en lo que se refiere a los límites de las costas.*

3. *Asegurar que los Estados Unidos comprendía que no era posible permitir el libre comercio en las Américas y las Islas debido a tratados existentes con otras naciones.*

4. *A pesar de esto, a los Estados Unidos se le asignaría la clasificación de nación preferida en sus actividades comerciales con Europa e islas adyacentes, siempre y cuando esta situación fuera recíproca.*

Gardoquí comprendía claramente que el Rey no estaba interesado en participar en pactos o tratados, sino en regulaciones recíprocas. Con estas ideas en mente, envió un reporte a Floridablanca. Una de las preocupaciones expuestas por Gardoqui con respecto a investigar diferentes posibilidades era el temor que los Estados Unidos, ya como nación independiente, decidiera unirse a Inglaterra contra España en cuestiones de comercio, por razones culturales y de tradición.

Durante su estancia en Filadelfia asistiendo al Consejo de Estado en junio 7 de 1794, Gardoqui declaró:

" La peor suerte que podría correr España sería que la nueva potencia (los Estados Unidos) se aliara con Inglaterra para actuar en acuerdo común contra el monarca español"

Sin embargo las negociaciones no tuvieron el desenlace deseado, al contrario dieron lugar a confundir y a contemplar otras posibles oportunidades aún entre los representantes de los Estados Unidos.

Entre otras posibilidades, se discutía la referente a los territorios que aún no formaban parte de la nueva nación. Uno de estos era Kentucky, cuyos representantes estaban frustrados ante la negativa del Congreso de otorgarle el derecho a formar parte del nuevo país.

Los esfuerzos de Gardoqui iban dirigidos a proteger los intereses del Rey en el río Misisipi y a explorar las oportunidades que la situación de Kentucky ofrecía.

Colaboró en 1788 con John Brown y el General James Wilkinson en un esfuerzo para firmar un tratado entre Kentucky y España relacionado con la navegación en el Río. Poco después Kentucky fué admitido como estado y un tratado aparte con una nación extranjera no pudo concluirse.

Gardoqui investigó otra oportunidad con el Coronel Morgan y Benjamín Harrison que estaban involucrados en un intento de comprar del Gobierno algunas tierras en Illinois.

El plan consistía en comprar aproximadamente quince millones de acres que serían cedidas a los colonos y que se extendían desde el oeste del Misisipi al sur de la confluencia con el río Ohio y al norte del río San Francis. Morgan sería el comandante o gobernador de la colonia como súbdito de la corona española con cierta autonomía gubernamental. Este trámite tampoco se llevó cabo.

En España también se investigaban diferentes oportunidades. Por una parte Gardoqui, leal al Rey y tratando de proteger sus intereses estaba negado a ceder aunque fuera parte del territorio del Misisipi. Godoy, por otra, que había sido nombrado ministro y estaba ansioso por reducir los gastos de España además de deshacerse de otros problemas como era la Luisiana, estaba dispuesto a ceder a los Estados Unidos casi todo lo que estaban demandando.

Gardoqui, frustrado por la forma en que los problemas se estaban resolviendo y convencido que frente a la actitud obstinada de Madrid, su punto de vista no tendría éxito, en 1789 pidió a Floridablanca que lo relevase de sus obligaciones y regresó a España.

El Rey Carlos IV otorgó a Gardoqui, la Cruz de Carlos III en reconocimiento a su lealtad y acciones honorables en favor de España.

En noviembre de 1794, Thomas Pinckney llegó a Madrid. El representante de la corona española era Manuel Godoy. En su primera reunión se observó claramente que los Estados Unidos sólo estaban interesados en una amistad que les permitiera la libre navegación del Misisipi.

Después de muchas deliberaciones y modificaciones a los documentos, el 27 de Octubre de 1795, ambos se reunieron en San Lorenzo de El Escorial para firmar el tratado.

El Tratado de San Lorenzo (también conocido como el Tratado Pinckney) tuvo mucha más trascendencia e importancia que la de finalizar el monopolio español en el Misisipi. La consecuencia más importante de este acuerdo fue que hizo desaparecer todos los obstáculos que hasta entonces habían impedido la expansión territorial de los Estados Unidos.

Sin embargo, Gardoqui no se mantuvo alejado de los asuntos relacionados con Estados Unidos. Participó en la redacción del Tratado de San Ildefonso, especialmente en los artículos que se referían a asuntos por los cuales él había abogado. En 1794 fué nombrado a la Comisión de Límites con América.

≈≈≈

Relaciones más allá de la política

Las relaciones que comenzaron como una serie de encuentros internacionales y políticos, se convirtieron a través de los años en relaciones de amistad sinceras que continuaron de por vida.

Así fue como evolucionaron las relaciones de Diego de Gardoqui con quien sería el primer presidente de Estados Unidos, George Washington así como también con el que sería el segundo presidente de Estados Unidos, John Adams.

(Nota: A continuación los fragmentos de la correspondencia de Gardoqui con Adams y Washington han sido copiados literalmente como aparecen en inglés en las fuentes originales, para conservar la integridad de los documentos. Lo que aparentemente son faltas de ortografía o sintaxis reflejan la forma de escribir de la época. Así aparece el nombre de la ciudad de *Bilbao* como *Bilboa, Coruña como Corunna, y* también los meses del año son abreviados de formas diferentes. Algunos se han traducido literalmente al español)

≈≈≈

La travesía y llegada a Bilbao - primer encuentro con Gardoqui

John Adams autobiography, part 3, "Peace," 1779-1780, sheet 13 of 18 [electronic edition]. *Adams Family Papers: An Electronic Archive.* Massachusetts Historical Society. http://www.masshist.org/digitaladams/

En 1776 John Adams se unió al comité encargado de redactar la Declaración de Independencia. Tres años más tarde también participó en la redacción de la constitución de Massachusetts.

Debido a su posición como Ministro Plenipotenciario, Adams viajó a Europa para investigar las leyes y constituciones europeas que pudieran servir de modelo para el desarrollo de la constitución de 1787.

Esta investigación lo trajo a España y en especial al País Vasco. La reseña de su visita a Bilbao la describe con detalle en su libro *"A Defence of the Constitutions of*

Government of the United States". (Defensa de las Constituciones de Gobierno en los Estados Unidos".

Adams ofrece una descripción de Vizcaya y su capital Bilbao, ocupando el segundo lugar entre las repúblicas democráticas europeas.

Describe el sistema mediante el cual Bilbao siendo la capital de Vizcaya, una república, a la vez es independiente y se auto-gobierna. Este es un concepto poco conocido o comprendido por otros.

" ...In a research like this, after those people in Europe who have had the skill, courage, and fortune, to preserve a voice in the government, Biscay, in Spain, ought by no means to be omitted. While their neighbours have long since resigned all their pretensions into the hands of kings and priests, this extraordinary people have preserved their ancient language, genius, laws, government, and manners, without innovation, longer than any other nation of Europe. Of Celtic extraction, they once inhabited some of the finest parts of the ancient Boetica; but their love of liberty, and unconquerable aversion to a foreign servitude, made them retire, when invaded and overpowered in their ancient feats, into these mountainous countries, called by the ancients Cantabria"...

John Adams Letters- LOC (Library of Congress)

John Adams to James Lovell Corunna

Decr. 16th 1779

My dear Friend

Providence has favoured me, with a very unexpected Visit to Spain...

If the Business of my Commission is not retarded by my accidental Journey, through Spain, I shall have no Reason to regret it. I have been treated with as much Civility, and with a more studied Attention and Respect, in this Country, than I ever was in any other. If I had Time, there is nothing but what I could have the fairest opportunities to see, in Company with the first People of the Country...

John Adams to Don Pedro Martin

Saturday 18. December 1779, at Corunna

Mr. Adams presents his Compliments to the Governor of Corunna,1 and informs him according to his desire, express'd last Evening, that the Names of the Persons for whom he requests a Passport, from His Excellency, the Governor of this Province, are as follow

John Adams, a Ministre, plenipotentiary from the United States of America

The Honourable Francis Dana Esqr., Secretary, to Mr. Adams's Commission,

Mr. John Thaxter, private Secretary to Mr. Adams

John Quincy Adams a Son of Mr. Adams of about twelve Years of Age

Charles Adams another Son of Mr. Adams, near 10 Years of Age.

Mr. Jeremiah Allen a private Gentleman, of Boston in the Massachusetts he is a Merchant travelling with a View of establishing a private Commerce in Spain as well as France.

Samuel Cooper Johonnot, another Infant of 10 or 11 Years of Age

Joseph Stevens a Servant of Mr. Adams

John William Christian Fricke a Servant of Mr. Dana

Andrew Desmia a Servant of Mr. Allen

Mr. Adams requests a Passport for all these Persons to go to Madrid, and from thence to Bilbao...

1780. January 15. Saturday.

... We followed the Road, by the Side of the River between two Rows of Mountains, untill We opened upon Bilbao. The Town of Bilbao, which they call The Republick of Bilbao, is surrounded with Mountains.

... Soon after our Arrival Captain Babson and Captain Lovat made Us a Visit. We took a walk down the River which We found pleasant enough; and while We were absent on our Walk, Mr. Gardoqui and Son came to visit me.

Founding Families: Digital Editions of the Papers of the Winthrops and the Adamses, ed.C. James Taylor. Boston: Massachusetts Historical Society, 2007.http://www.masshist.org/ff/

Bilbao Jany 16. 1780

Sir

We arrived here last night, all alive, but not very well having all taken, in Spight of all the Precautions in our Power, very great Colds...

We have had the Pleasure to find in Mr. Gardoqui and sons at this Place Friends ready to assist Us, in all respects...*John Adams autobiography, part 3, "Peace," 1779-1780, sheet 13 of 18 [electronic edition]. Adams Family Papers: An Electronic Archive. Massachusetts Historical Society. http://www.masshist.org/digitaladams/*

To: Abigail Adams Bilbao January 16. 1780

...At Bilbao, We fare very well, and have received much Civility from Mr. Gardoqui and sons as We did at Ferrol and Corunna from Mr. Detournelle2 and Mr. Lagoanere... I wish I could send you, some few Things for the Use of the Family from hence...

Adieu, Adieu, John Adams

Web page Founding Families: Digital Editions of the Papers of the Winthrops and the Adamses, ed.C. James Taylor. Boston: Massachusetts Historical Society, 2007.http://www.masshist.org//ff

1780 Bilbao January 16. 1780

Sir

I have the honour to inform Congress, that last night I arrived in this place.

... I have collected together with some difficulty a few Gazettes, which I have the honor to transmit to Congress, from which all the News may be collected, that I have been able to learn. Congress will easily perceive the Eagerness, with which the belligerent Powers are bent on War, without manifesting the least disposition for Peace, and most of all Great Britain, whose ostentatious display of trifling Successes, and weak Exultation in them, shews that nothing can divert her from her furious course. -- But she is exhausting and sinking her Forces every day, without gaining any lasting or solid Advantage. And she has reason to fear, from the combined Fleets of France and Spain, under such enterprizing, experienced and approved Officers as D'Estaing and Duchauffault, the entire ruin of her Commerce and Navy, in the course of a Campaign or two more.

His Excellency Samuel Huntington Esq**.** ,President of Congress.

Más adelante Adams describe con detalle la cena con los Gardoqui y la visita a la iglesia antigua cerca de la casa. Continúa describiendo la relación de trabajo entre la Junta de Comercio y los comerciantes de Bilbao, cómo se eligen los Consejales y Senadores y como se resuelven las disputas.

1780 January 17. Monday

We dined with the two Messieurs Gardoqui, and a Nephew of theirs. The American Captains Babson, Lovat and Wickes dined with Us. I spoke to Mr. Gardoqui in behalf of Fifteen American Seamen, who had been Prisoners in Portugal, and he consented to furnish them Cloaths. I assured him that although I had no express and possitive Authority to interfere, I had no doubt that Congress would do all in their Power to repay him. This was afterwards done to his Satisfaction.

After Dinner the Gentlemen accompanied Us to the Parish Church over against Mr. Gardoqui's house, and then to the Old Parish Church of St. Iago, which is certainly known to have been standing in the Year 1300. . . . The High Altar appears to be very ancient, and wrought in wooden Figures, with very neat Work. The Choir and the Sacristie &c. like all others in the large Churches.

We then went to the Chamber of the Board of Trade. This is a curious Institution. Annually on a certain day in the Beginning of January, all the Merchants of Bilbao meet, write their Names on a Ball or Ballot, which are put into a Box, from whence four are drawn by Lott. These four nominate a certain Number of Councillors or Senators.

This Board of Trade, in the first place, endeavours to persuade all Merchants between whom any Controversy has arisen, to agree, but if they cannot succeed Application must be made to the Board by Petition in Writing. It is then heard and determined, subject however to an Appeal, I know not where. This Board has successfully opposed the Reception of Consuls from all Nations. The Chamber is hung round with Pictures of the present King and Queen of Spain, the late King and Queen, the Royal Exchange of London, the Exchange of Amsterdam and the Exchange of Antwerp &c.

There is an Academy, at Bergara, for the Education of the Youth of Biscay, Guipuscoa and Alava.

In the Spring Freshes, We were told, the Water is deep enough upon the Exchange and in the Streets for Vessells of an hundred Tons burthen, to float...

1780 January 18. Tuesday.

We spent the Day in perambulating the Town. We visited the Wharves upon the River, went through the Marketts, which We found plentifully furnished with Fruits and Vegetables, Cabbages, Turnips, Onions, Beets and Carrots, Apples, Pairs, Raisins, Figgs and Nutts. We went as far as the Gate, where We had entered the Town, then turned up the Mountain by the Stone Stairs, where We saw some fine Gardens, with verdure and Vegetation.

On our return We took a view of a Book Sellers Stall, but as this Country, though it gloried in its Liberty was not the Region of Litterature, We found nothing very curious or worth mentioning. We then walked in Succession, through every Street in the Town. After this, meeting The Messieurs Gardoquis, they went with Us to shew Us the trading part of the Citizens..."

1780 January 19. Wednesday.

By particular invitation We went down the River on a Visit to the Rambler a Letter of Mark of Eighteen Guns, belonging to Mr. Andrew Cabot of Beverly, Captain Lovat Commander, and the Phoenix a Brigg of fourteen Guns belonging to Messieurs Traceys of Newbury Port, Captain Babson Commander. We were honoured with two Salutes of thirteen Guns each by Babson and one by Lovat. We dined at the Tavern on Shore and had an agreable

Day. We were conducted to see a new Packett of the King on the Stocks, and his new Rope walks which were two hundred and ten Fathoms long.

1780 January 20th Thursday. Although We endeavoured in Bilbao to take as much Exercise as possible and to amuse ourselves as well as We could, and although the Attention and Hospitality of the ***House of Gardoqui*** *had done every Thing in their Power to oblige Us...*

... On the twentieth, however We summoned Resolution enough to take our departure from Bilbao...

Tan pronto llegó a Bayonne el día 24, le envió a los Gardoqui un reporte dando detalles de esta parte del viaje y además expresando su agradecimiento a todos por las atenciones recibidas durante su estancia en Bilbao.

" Mr. Dana, Mr. Thaxter and Mr. Allen with all the Children join with me in presenting to your House our most sincere Thanks for the Thousand Civilities and the essential assistance we received at Bilboa ...I have the Honour to be with much Respect and Esteem, Gentn. Your most obligf. & obedient sert..."

Antes de partir de Bilbao, Adams le entregó a Gardoqui una lista de artículos pidiéndole que se los hiciera llegar a su esposa, la Sra. Adams.

Copia de la factura de Gardoqui & Sons detallando el envío de artículos solicitados por John Adams:

Invoice from Joseph Gardoqui & Sons to John Adams; Invoice of Sundries shipp'd per the Phinix James Babson master for Newburyport on Account of the Honble. John Adams Esq. (*Papers of John Adams*)

*Abreviaturas: do se refiere a docenas; rs a reales; vs a varas

I.A.
1. A Case containing
 4. Dozn. of tumblers a 8. rials 48.2
 2. Do Cups 8. do. 16. 48.
2. a Barrell
 6. lb. Green tea a 60. rs. 360.
 1. Dozn. Knifes 80.
 1. Dozn. Forks 80.
 1. Pce. of holland linen 27¼ v s.3 a 11. rs. 299. 254
 6. Do Do. 150. do 8 1200.
 6. Dozn. Barcelona Handkffs a 104. 624.
 12. Do Do 102. 1224. 3867. 25
Case, Barrell, packing and carriage paid 84. 9

Bal. ser 4,000.5 (1)
Commission
[signed] Joseph Gardoqui & Sons (2)

* Nota 1: el total indicado no incluye una comisión o cargo por servicios prestados.
* Nota 2: La firma Joseph Gardoqui & Sons es diferente de la firma original Joseph Gardoqui & Son/Joseph Gardoqui & Hijo – reflejando que Diego es también parte de la Compañía como gerente representante, pero no como socio; José, el hermano mayor continuó como único socio de la Compañía registrada como Joseph Gardoqui e Hijo.

El día 19 de febrero Gardoqui le escribió a Adams para informarle que todos los artículos con destino a su esposa habían sido embarcados. Además le añadió noticias de otra índole

" Nothing new from the South except that by letters from Madrid we her that Cordova sailed the 11th with 28 sail of the line...
...Next Tuesday we shall dispatch Capt Farris from Newburyport, so shou'd hear of your arrival tomorrow shall communicate it to your family.

We are with respect & unfeighn's sincerety Sir Your most obedt.hble Servts Joseph Gardoqui

.

Desde París, el día 1o. de marzo en el Hotel de Valois Rue de Richelieu, Adams acusó recibo de la carta y la factura por los artículos enviados:

..." I am very glad to learn that you have shipped the few Things I desired and for the Inovice. I wrote to you on the 25 Feb. requesting you to send Duplicates and Triplicates of the same Things by other good opportunity, which I now repeat with this Addition that you charge your Commissions in future because there is no Reason that I should give you this Trouble, for nothing..."
"... I shall always be obliged to you if you can send Word by any Vessell from Bilbao, to my dear Mrs. Adams, that you have received any Letter from me or any News of me or mine on this side of the Water..."

Unos días más tarde, el 15 de marzo, Gardoqui respondió a Adams, refiriéndose a la nota de éste relativa a la comisión por los servicios prestados y vemos como Gardoqui continuó enviando artículos con las facturas que leen GRATIS bajo "commition".

"...We have in course been honour'd with your much esteemed 25th Feby... Give us leave to beg that you wou'd not mention the Commission any more, we are happy whenever we can be of service to any private person of your States, so that you may hereby infer our degree of satisfaction in rendering you any so pray be free of comand... We hope with you to see soon a solid and lasting treaty between your Constituents and this Kingdom being our heartiest wish..".

En otra factura por artículos enviados el 21 de abril de nuevo se lee *"Commition Gratis"*

Date: 1780-04-21 JA Invoice of One Barrell of Merchandize shippt per the Success illustration Capt. Philip Trash for Newburyport to address of Nathaniel Tracy Esqr. and for Acco. and Risk of Honble. John Adams Esqr.

No. 1. 1 Barrell with

1 piece with 25/5 vars Linens at 11rs. per vare1		277. 6
6 Do 147 Do Do at 8 Do		1,176.
12 Dozn. Com blck Silk Hands. at 100rs. per dozn.		1,200.
6 Do. Do. Collours Do. at 100 Do.		600.
6 w.2 Green Thea at 32 rs. per w.		192.
1 Dozn. Knives and forks		75.
1 Case mark No. 2: with 6 Dozn. Tumbler wine Glass at 8rs. per Dozn.		48.
To packg. and shippg	40. 0	
	3,608. 6	
Commition Gratis	"	

(signed] Joseph Gardoqui

El día 24 Abigail Adams escribió a su esposo quien todavía se encontraba en el extranjero. Esta como otras cartas que se escriben los esposos nos revelan el amor profundo y la intimidad que comparten reflejada en la firma de Abigail como *Portia*

"My dearest Love...The Articles you orderd me from Bilboa (1) are of great service to me. The great plenty of Barcelona hankerchiefs make them unsaleable at present, but Linnens are an article in great demand, and will exchange for any family necessary to good account or sell for money which is in greater demand at present that I have known it since paper was first Emitted.. Ever remember with

tenderness and affection yours & yours only, Portia" (Adams Famliy Correpondence)

(1) Bilbao aparce como Bilboa incorrectamente con frecuencia por parte de los norteamericanos en toda la correspondencia y documentos que envían a Gardoqui .

Gardoqui continuó sus esfuerzos tratando de enviar información importante y clandestina a Adams y le envió este comunicado:

"...The Active is to return with sundry articles for the navy, but as we also sent letters to the Honble. John Jay Esqr. we dont Know whether he will have occassion to detain her, otherwise will soon be dispatch'd. Said Gentleman is well at Aranjuez and has already taken up a house at Madrid, so sincerely wish that every thing may prosper.

Capt. Trash sailed in company with a 20. gun privateer, so hope he will gett along safe, but time does not permitt us to send you the Invoices of what shipp'd on your Account[4] *and that of our good freind the Honble F. Dana Esqr. to whom pray our complements and being what present haste permits subscrive respectfully Sir Your most Obt. Hble servts. Joseph Gardoqui & Sons*

De nuevo Adams pidió a Gardoqui que enviara otro embarque y el 10 de junio éste le informó que los artículos enviados ascendían a la cantidad de 3608.36 reales.

(Nota:Real de vellón era la moneda en vigor en España utilizada en transacciones comerciales en lugar de la moneda de plata, el peso duro)

Sir

It is a long Time Since I had the pleasure to Address you, or receive any of your Favours. I have Letters from my Wife which acknowledge the Receipt of the Things you sent by Trash. Your Bill upon me, *was presented at my House in Paris after I left it. Mr. Dana was so good as to accept it.*1

*I now beg the Favour of you, to Send by every good opportunity to Boston or to Newbury Port &c. to Mrs. Adams in the Same Way, to the Amount of forty Pounds sterling in each Vessell: but more Linnens And fewer Handkerchiefs,*2 *and draw upon me in Amsterdam or upon Mr. Grand in Paris, for the Money. Mr. Tracy has been vastly obliging in taking the best Care to send, those which you shipped before and will do me the Same favour again*

The English Papers announce disturbances in south America. Is there any Truth in it? I am with great Esteem, your obliged and obt (Library of Congress)

El último embarque fue de gran utilidad para Abigail como le comentó en su carta de Julio 5. Las cartas de Abigail, aunque siempre son personales y reflejan la relación tan íntima y amorosa entre los esposos, también incluyen noticias de la situación en las colonias.

"...*Nothing could have been more fortunate for me than the arrival of the few articles you ordered me from Bilboa, just as the time whe calls for large sums of money took place. (The Quarteterly tax for the state and continent amounts to seven hundred pounds Lawfull, my part) Mr. Tracy kindly forwarded them to me, with this complement. That he wished there had been ten times as much...*" (Adams Family Papers)

El jueves, 20 de enero de 1780 John Adams partió de Bilbao hacia la frontera francesa. Cuatro días más tarde escribió:

"We were all pleasantly surprised by the appearance of the country in Bizkaia and Gipuzkoa, the houses seemed more comfortable and better distributed in villages, rather than appearing in small villages of mud, with moldy walls and ruins. We could not help but think that freedom produces similar effects on humanity of man, wherever you are"

... "Todos estuvimos gratamente sorprendidos por el aspecto del país en Bizkaia y Gipuzkoa; las casas parecían más cómodas y mejor distribuidas en caseríos, en lugar de aparecer en pequeños pueblos de barro, con paredes enmohecidas y en ruinas. No hemos podido evitar pensar que la libertad produce efectos similares sobre la humanidad del ser humano, donde quiera que se encuentre" (Traducción del texto anterior deja claramente indicado la observación hecha por Adams relativa a efectos de la libertad y como se manifiestan en Bilbao – (Traducción-Martha G. Steinkamp)

Después de haber salido de Bilbao, Adams continuó pidiendo a Gardoqui que enviara otros pedidos a su esposa y aprovecha la oportunidad para indagar sobre la situación en la Américas.

Sir

It is a long Time Since I had the pleasure to Address you, or receive any of your Favours. I have Letters from my Wife which acknowledge the Receipt of the Things you sent by Trash. Your Bill upon me, was presented at my House in Paris after I left it. Mr. Dana was so good as to accept it.1

I now beg the Favour of you, to Send by every good opportunity to Boston or to Newbury Port &c. to Mrs. Adams in the Same Way, to the Amount of forty Pounds sterling in each Vessell: but more Linnens And fewer Handkerchiefs,2 and draw upon me in Amsterdam or upon Mr. Grand in Paris, for the Money. Mr. Tracy has been vastly obliging in taking the best Care to send, those which you shipped before and will do me the Same favour again

The English Papers announce disturbances in south America. Is there any Truth in it? I am with great Esteem, your obliged and obt (Library of Congress,, Adams Amsterdam Octr. 2 1780

Bilbao rinde homenaje a un visitante famoso

En homenaje a la visita que John Adams hizo a Bilbao para investigar la forma de gobierno foral vasco y en reconocimiento a sus palabras de elogio, el día 3 de febrero de 2011 la ciudad de Bilbao instaló una escultura de Adams en la confluencia de las calles Diputación y Gran Vía, junto al Palacio de la Diputación.

La escultura, ejecutada por Lurdes Umerez, está compuesta de una pieza de más de dos metros de alto, que consta de un busto en bronce de 85 centímetros de alto sobre una base de piedra arenisca de 1.25 metros.

La placa colocada en la base de piedra presenta un texto trilingüe (euskera, castellano e inglés) que copia textualmente un párrafo extraído del libro de Adams *"A Defence of the Constitutions of Government of the United States of America"*, donde Adams expresó su admiración por los vascos: *"Esta gente extraordinaria ha preservado su antigua lengua, genio, leyes, gobierno y costumbres, sin cambios, mucho más que cualquier otra nación de Europa"*.

≈≈≈

George Washington a Gardoqui *"... no man in his most Catholic Majesty's dominions could be more acceptable to the Inhabitants of these States." George Washington said in his letter to Gardoqui on August 10, 1790..."* Letter Book copy in the *Washington Papers*.] "…ningún hombre en los dominios de su Gran Majestad Católica podría ser más aceptable a los Ciudadanos de estos Estados"... George Washington escribió en su carta a Gardoqui fechada agosto 10 de 1790..."(*Traducción del texto anterior-Martha G. Steinkamp)*

Gardoqui – La transformación de proveedor de suministros militares e información secreta a invitado especial a las ceremonias de inauguración del primer Presidente de los Estados Unidos .

Desde principios del 1700 Gardoqui estuvo involucrado en el envío de armas y suministros a las trece colonias norteamericanas, debido a que la familia a través de la compañía había comerciado con las mismas por casi una generación antes del comienzo de la guerra de independencia.

Además enviaba información para ayudar a los americanos, la que obtenía a través de operaciones clandestinas de acuerdo a los planes de diplomacia secreta de España, supuestamente una potencia neutral. Esta asistencia se documentaba en la Tesorería General española como "transacción reservada para Servicios Monárquicos".

Su carta de febrero 15 de 1775 a Jeremiah Lee explica los detalles. Es importante notar que Gardoqui indica que sería más conveniente que le hicieran los pedidos con más anticipación ya que no siempre están disponibles todos los artículos. Además pone énfasis en la cautela necesaria para evitar que estas operaciones lleguen al conocimiento del embajador inglés el cual vigila todos los puertos y con quien hasta ese momento ellos (los Gardoqui) tienen buenas relaciones.

JOSEPH GARDOQUI & SONS TO JEREMIAH LEE

Dearest sir — Bilbao 15th Feby 1775

~ As soon as your much esteemed favour 16th Decr came to hand, we began To consider about the method of complying with your orders, in

case of your further desire, & Altho' of a very difficulty nature, we were determind at all events to ässist you accordingly, we found out means to procure as many Musketts & PistoIs as were ready made on the parts for the Kings Army, the quantity was but small having only 300 Muskets & Bayonetts, & about doubl the number of Pair of Pistols ready, but we should have done our utmost to get as many more as it was to be found in order to serve you, & shall whenever you shou'd command;but must observe to you that such an Order ought to come some Months before, for all Arms on this side are made on the King's Account, & it is a rareity to find them ready made, besides which they must be got, with a good deal of Caution and Ship~ on the very same manner; as to secrecy you may depend it is as much our interest as any ones as the English Embassader will look sharp in every port, & we are upon very good footing with my Lord Grantham. Should be very Sorry he should know it — The Powder is an Article which we cannot ship unless we have timely advice, for whatever there is made in this Kingdom is for the Government, it is our opinion that Should any of your vessels be taken in the Channel loaded with those articles, she should certainly be condemned, however by having timely advise we can bring them from Holland on Reasonable Terms & ship them as you desire We see with the utmost concern the difficulties You labour under an unpolitical Minister's wrong direction of Affairs, But hope the Present Parliament will look into them with clearer light, & will find proper means to accomo-date Matters, without going any further, allowing you your just Rights & Libertys,which we do assure you long to see it settled with all our hearts but should it be otherwise (which God forbid) command freely and you will find us at your service, we doubted not but you would be made a member of the Congress as we well know the real great Character you bear among all that know you, therefore wish you most heartily all success in every ,undertaking and that you may communicate us some agreeable news. We hourly look out for the London Post, would it bring any thing Worth yr notice – you may depend on being advised

Dr sr [Ec.] Joseph Gardoqui & Sons

* *Naval Documents of the American Revolution 1774-1775 – American Theater U.S., Government Printing Office, Washington DC 1964*

La relación especial con Washington se manifiesta una y otra veza en una serie de cartas que tratan de asuntos diplomáticos – como el Tratado del río Misisipi – así como también de asuntos personales como el regalo de dos burros para su plantación de Mount Vernon solicitados por Washington quien solicitaba "una pareja de burros de la primera raza" (*ver anotación acerca de los burros 1)*, además de la entrega de la obra completa de Don Quijote.

Washington en toda su correspondencia pone énfasis en su respeto y admiración por Gardoqui y a la vez su agradecimiento por su gran amistad. Esto lo hace extensivo al monarca español reflejando la presencia de Gardoqui.

El 10 de junio Washington escribe a Carmichael acusando recibo de la copia de la nota de Floridablanca, así como su aprecio por haber encargado a Carmichael que presentara el pedido de los dos burros de la primera raza y continúa……

'but my gratitude for so condescending a mark of esteem from one of the first crowned heads in Europe calls for a better expression than I have to make suitable acknowledgements to His Catholic Majesty: especially too as His Majesty's very valuable present was accompanied by a sentiment of approbation which cannot fail of making a lasting impression on my mind and of becoming very dear to my remembrance...the jacks have not yet arrived, but I hope they soon will....

... Mr. Gardoqui is safely arrived at Philada. I have not had the honor of paying my compliments to him:but, as well for the respect I owe his sovereign, and his own great merit, as on acct. of your recommendation of him all the attention in my power..." *Letterbook copy in the Washington Papers.*

Virginia, December 19, 1785 - to Floridablanca.

Sir: My homage is due to his Catholic Majesty for the honor of his present. The value of it is intrinsically great, but is rendered inestimable by the manner and from the hand it is derived.

Let me entreat you therefore, Sir, to lay before the King my thanks for the Jack Asses with which he has been graciously pleased to compliment me; and to assure his Majesty of my unbounded gratitude for so condescending a mark of his royal notice and favor. That long life, perfect health, and unfading glory may attend his Majesty's reign, is my fervent wish. With great respect and consideration I have the honor etc.

(Copia fotostática de la carta que se encuentra en el Archivo Historico Nacional Madrid, Estado, Legajo 3885, Expediente 26.)

George Washington to Francisco Rendón, December 19, 1785

... Mr. Peter Tellez who attended the Jack Ass, which arrived safe, to this place that it is proper he should go by the way of New York to see his Excellency Don

Gardoqui; that as he was employed by his Catholic Majesty, and in the Kings pay until he return'd (his wife receiving part of it from Mr. Gardoqui at Bilboa) he would take none from me...

... Not having the honor of an acquaintance with his Excelly. Mr. Gardoqui, I have taken the liberty of making these communications to you... I pray you to make a tender of my respectful compliments to Mr. Gardoqui, and to accompany them with the strongest assurances of the pleasure I should feel in seeing him at this Seat of my retirement, if inclination should ever induce him to visit the States to the southward of Nw. York... "

From the "Letter Book" copy in the Washington Papers.]

(1) Donkeys were utilized to breed mules for work on the Mount Vernon plantation, by mating with female horses. George Washington received his donkeys from some noteable sources. Royal Gift was a donkey that was gifted to George Washington in 1785 by Charles III, the King of Spain. The most prized mules in the eighteenth century world were sired by Spanish donkeys ("the Andalusian Ass"), which the Spanish crown would not permit to leave the country. When Charles III learned of Washington's desire to own one of these animals he sent two Spanish jacks across the Atlantic Ocean. However, only one of these animals, Royal Gift, survived the trip and arrived at Mount Vernon.

Advertisements about Royal Gift stated that he was of "the most valuable Race [breed or type] in the Kingdom of Spain." An official in Massachusetts, where the ship carrying Royal Gift landed, sent Washington a letter announcing the arrival of this long-awaited donkey who was described as, "a fine Creature, just fifty Eight Inches high, & the largest that I believe ever came into this Country."

Mary V. Thompson Research Historian, Mount Vernon Estate and Gardens/Original Text

(A continuación traducción del texto escrito por Mary V. Thompson, Investigadora e Historiadora de Mount Vernon Estate and Gardens – Martha G.Steinkamp)

(1) Los burros eran utilizados para procrear mulas para los trabajos del campo en Mount Vernon. Washington recibió los burros como regalo especial de procedencia muy importante. El regalo "REAL" fué enviado a George Washington en el 1785 por Carlos III, el Rey de España. Las mulas mejores cotizadas en el siglo XIII eran aquellas que habían sido engendradas de burros españoles (burros de Andalucía) y que el gobierno español prohibía su exportación.

Cuando Carlos III tuvo conocimiento del deseo de Washington de obtener estos animales, envío dos burros españoles; durante la travesía por el Atlántico, solo uno sobrevivió y llegó a Mount Vernon.

El anuncio sobre la llegada de este "regalo Real" indicaba que era de la raza más valiosa del Reino de España. Un oficial en Massachusetts, donde atracó el barco que traía los burros envió una carta a Washington anunciando la llegada de este gran animal y lo describe como una finísima criatura, de unas 88 pulgadas del alto y creo que es el mayor que ha llegado a este País.)

Gardoqui como diplomático astuto, envió a Washington una carta acompañada de un otro regalo muy especial en nombre del Rey de España. En su respuesta aceptando el regalo es obvio que Washington sentía gran estimación por Gardoqui y por el monarca español.

Esta actitud de respeto y reconocimiento a España y el lugar de importancia que ocupaba en el mundo del siglo XVIII está documentada en su correspondencia anterior al Gobernador Morris señalando la importancia para las colonias de tener a España como aliada en el conflicto y de no ser así sentía el temor de que los franceses solos no podrían derrotar a Inglaterra.

George Washington to Diego De Gardoqui, August 30, 1786 *The Writings of George Washington from the Original Manuscript Sources, 1745-1799. John C. Fitzpatrick, Editor. (Correspondencia de George Washington de manuscritos originales, 1745-1799 John C. Fitzpatrick, Editor)*

Mount Vernon, August 30, 1786.

Sir: The day before yesterday gave me the honor of your Excellency's favor, written on the 12th. of June, with a postscript thereto of the 22d. of July. It was accompanied by the cloth made of the wool of the Vicuna, which indeed is of a softness and richness which I have never seen before, and is truly worthy of being called his Majesty's true manufactured cloth.

For your Excellency's goodness in presenting me with this specimen of it, I pray you to accept my best acknowledgements. I receive it Sir, as a mark of your polite attention to me, and shall wear it with much pleasure as a memento thereof. The color is really beautiful, and being natural can never fade. I feel myself much indebted to your Excelly. for communicating the testimonies of my gratitude to the King, thro' the medium of His Excelly. Count de Florida Blanca, for his royal present of the Jack Asses; one of which arrived very safe, and promises to be a most valuable animal. I am endeavouring to provide a female, that the advantages which are to be derived from this Jack may not end with his life.

I can omit no occasion of assuring your Excellency of the high sense I entertain of the many marks of polite attention I have received from you; nor of the pleasure I should feel in the honor of expressing it at *this seat of my retirement from public life, if you should ever feel an inclination to make an excursion into the middle States. I have the honor, etc...*

De nuevo la correspondencia de Washington a Gardoqui hace referencia a su preocupación por el conflicto del río Misisipi, temiendo que el mismo pueda causar el deterioro de la amistad. Como en otras cartas, trata de asuntos personales a la par de los políticos, pero siempre resaltando el respeto y la admiración por Gardoqui.

To DIEGO DE GARDOQUI

Mount Vernon, December 1, 1786.

"...Sir: I have had the honor to receive the letter which your Excellency did me the favor of writing to me on the 18th ulto. together with the enclosure from the Prime Minister of Spain, for which, and the translation, I pray you to accept my grateful thanks...

...Rheumatic pains, with which of late I have been a good deal afflicted, and some other causes, will render it inconvenient for me to be in Philada. in May next as seems to be expected, and where one of my first pleasures would have been to have paid my respects to your Excellency...

...It will be to be regretted if a contrariety of sentiments respecting the navigation of the Mississippi, should impede that harmony and mutual intercourse of interests so essential between nations whose territories border on each other. I would fain hope therefore that the true and reciprocal benefits of Spain and the United States, in this case, as well as in all others which may arise

between them, will be cooly and dispassionately considered before the ultimatum on either side is fixed. .. your Excellency I am sure is too much of a politician to need the remark, and too much a friend to these States to insist upon any measure, which the essential interests of your Nation, or the orders of your Court, may not have dictated, incompatible therewith. With very great consideration and respect. I have the honor etc.

From the "Letter Book" copy in the Washington Papers.

En 1787, Washington recibió otro "regalo español", en esta ocasión un regalo muy diferente como se describe en el texto copiado de Mount Vernon Estates, Museum and Gardens...seguido por la correspondiente traducción.

- On September 17, 1787 the day the Constitution was adopted, Washington purchased from a bookseller The History and Adventures of the Renowned Don Quixote, Translated from the Spanish Miguel de Servantes By T. Smollett, M.D. Washington's edition of Tobias Smollett's English translation was published in London in 1786.

Washington took his copy of Don Quixote with him when he left Philadelphia the following day and the volumes soon found a place in his Mount Vernon library. Although Washington's nine hundred volume library included a number of works of literature, this seventeenth-century Spanish allegory does seem a somewhat unusual choice for the pragmatic farmer, soldier, and statesman. An explanation for the apparently uncharacteristic purchase can be found within Washington's correspondence.

The two men - Gardoqui and Washington - dined together at Benjamin Franklin's home on September 12, 1787, where Don Diego steered the conversation around to Cervantes. On November 9, the diplomat wrote to Washington, "requesting you would accept, and give a place in your library, to the best Spanish edition of Don Quixote which I recollect to have heard you say, at Dr. Franklin's you had never seen." The book was published in Madrid in 1780.

By the time he received Don Diego's gift, Washington already owned his English translation. While Gardoqui's generosity did not have the desired effect—Washington refused to be drawn into the treaty negotiations—he did make Washington aware of Cervantes' great work, leading to Washington's purchase of the English edition.

The book remained in Washington's library until his last years. In the inventory of Washington's estate taken after his death in 1799, the listing of books in his study runs eighteen pages. Among the books found "On the Table" is the English "Donquixote," valued at three dollars.

Mount Vernon website – www.mountvernon.org - Mount Vernon's library holdings related to Don Quixote

En la actualidad la copia de Don Quijote obsequiada a Washington por Gardoqui se encuentra en la biblioteca de Mount Vernon. Los cuatro pequeños volúmenes se conservan con la encuadernación original e ilustrados con grabados originales. La firma de George Washington aparece en la primera página de cada tomo y su impresión "ex libris" grabada en Londres en 1771 ha sido colocada en el papel encolado el final de cada uno. El listado de libros contenidos en la biblioteca suma dieciocho páginas. Entre los libros incluídos "en la mesa" se encuentra el "Donqujixote en inglés" valorado en tres dólares.

(*Daries of George Washington*) September, 1787 - Sunday-9th. Dined at home after paying a visit to Mr. Gardoqui (Minister from Spain) who had come from New York on a visit to me.

Después de la visita el día 28 de noviembre Washington escribió a Gardoqui para agradecerle los tomos de Don Quixote *(George Washington to Don Diego de Gardoqui, 28 November 1787," The Writings of George Washington, Vol. 29 .Washington, D.C.: Government Printing Office).*

George Washington to Diego De Gardoqui, November 28, 1787

The Writings of George Washington from the Original Manuscript Sources, 1745-1799. John C. Fitzpatrick, Editor (From the "Letter Book" copy in the Washington Papers) Mount Vernon, November 28, 1787.

Dear Sir: I have received your letters of the 29th. of October and 9th. of Novr. The latter was handed to me by Colo. H. Lee, together with 4 Vols. of Don Quixote which you did me the honor to send to me. I consider them as a mark of your esteem which is highly pleasing to me, and which merits my warmest acknowledgment, I must therefore beg, my dear Sir, that you will accept of my best thanks for them.

Your wish to establish a permanent and sincere amity between these States and the Court of Spain is highly meritorious; and if, as you observe, no two nations apply more exactly to each other, a connexion between them upon the basis of reciprocal interest must be a very desirable event...

...I shall be exceedingly sorry to see you obliged to abandon an object which has in view the. interest and advantage of both our countries, and I cannot yet despair of their being connected in such a manner as to ensure a mutual benefit. With Sentiments of the Most perfect consideration and respect, etc. *(From the Letter Book, Copy Washington Papers)*

En julio de 1790 Washington escribió una carta muy personal que incluye un recado de su esposa, la Señora Washington. Gardoqui ya estaba de regreso en España.

George Washington to Diego De Gardoqui, July 1, ***1790*** *(The Writings of George Washington from the Original Manuscript Sources, 1745-1799. John C. Fitzpatrick, Editor.)*

New York, July 1, 1790.
Sir: I have had the pleasure to receive the two letters which you wrote to me on the 21st of December last from Bilboa, giving information of your safe arrival at that place after a passage rendered peculiarly tedious by the weather and your indisposition. As impressions made by bad weather at sea seldom continue long after we get on shore; and your indisposition was almost removed at the time of your writing, I flatter myself that before this, you enjoy your usual tranquility and good health.

I thank you, Sir, for the interest you take in my welfare and personal happiness, and it is with pleasure I can inform you that I now enjoy a tolerable share of health after several weeks of severe illness which had nearly terminated my existance. It is unnecessary for me to touch upon the political occurrences at this place, as they are undoubtedly banded to you from time to time by Mr. Viar. (José Ignácio de Viar was Spanish commissioner to the United States.)
The accession of the State of Rhode Island to the Constitution of the United States, has compleated our union under the general Government; and if we should be so happy as to see you again among us, I trust you will find harmony in our councils and respectability in our political concerns. Mrs. Washington thanks you for your polite rememberance of herself and Grand-children and

requests her compliments may be give, to you. With esteem etc (From the "Letter Book" copy the Washington Papers. El borrador está escrito por Alexander Hamilton)

El Coronel Humphreys, miembro de la familia de Washington, planeaba una gira por Europa. Washington escribió a Gardoqui pidiéndole que si fuera posible agasajara a Humphreys durante su estancia en España. Esta es una petición que sólo se le hace a un amigo con quien se mantiene una estrecha amistad. Esta carta también incluye mención del reciente nombramiento recibido por Gardoqui.

George Washington to Diego De Gardoqui, August 10, 1790
The Writings of George Washington from the Original Manuscript Sources, 1745-1799. John C. Fitzpatrick, Editor.

New York, August 10, 1790.
Sir: Colonel Humphreys, who, as you know, has been many years in my family, expects in his present tour to Europe to visit Spain. Should it be his good fortune to meet with you in that Kingdom, he will undoubtedly profit of the circumstance by renewing his acquaintance with you. In that case, he will have an opportunity of expressing on my part the sincere and great regard which he knows I entertain for you. And your civilities in return to him will be considered as very acceptable to me.

We have lately seen by the public Papers, that your Sovereign has been pleased to place you at the head of the Administration of the Revenues and Finances of the American Department (1). I am confident you will do me the justice to believe, Sir, that I rejoice extremely in your prosperity. On so honorable and confidential a mark of the Royal favor, I should certainly be the first to congratulate you in the most cordial manner.

But at the same time I must have candour enough to assure you, that I feel the most sensible regret that this circumstance, so flattering and advantageous to yourself, should forever cut us off from the hope of seeing you in this Country again.

It is for the sake of your good alone that we shall be forced to acquiese; and you must not esteem it as an unmeaning Compliment when I say, that, I presume, no man in his most Catholic Majesty's dominions could be more acceptable to the Inhabitants of these States. 'That all persons who may be employed in the intercourse between the Dominions of his most Catholic Majesty and the United

States may serve to promote a mutual good understanding, and to advance reciprocally the substantial interests of the two Nations (which, I am convinced, are not only entirely compatable with, but may be highly promotive to each other is the constant and ardent wish of, Sir Your etc *(From the "Letter Book" copy in the Washington Papers)*

(1.Gardoqui fué nombrado Director General del Comercio y Consulados de España y las Indias y por ese motivo Washington lo congratula)

La correspondencia continuó entre los dos amigos independientemente de sus posiciones o cargos políticos. La admiración y respeto mutuo que sentía el uno por el otro estaba siempre presente.

George Washington to Diego De Gardoqui, September 5, 1791

.The Writings of George Washington from the Original Manuscript Sources, 1745-1799. John C. Fitzpatrick, Editor.

Philadelphia, September 5, 1791.

Dear Sir: I have had the pleasure to receive the letter which you were so good as to write to me on the 3 of January last.
I am much obliged by the good wishes, which you express in my behalf, and by your favorable sentiments towards our Country; the interest, which you take in its welfare, makes the communication of its prosperity to you, an agreeable duty.

I learn with sensible satisfaction that your Sovereign has warmly approved your services, and distinguished your merit by particular marks of his favor.

Your opinion of Mr. Jaudeunes' merit, from whom I received your letter, cannot raft to procure him a respectful consideration with your friends here. With great regard, I am etc.

Nada corrobora mejor el respeto y admiración por Diego de Gardoqui de parte de Washington y otros representantes del gobierno de la nueva nación, que el documento redactado por miembros del Congreso, describiendo la organización de las actividades y los invitados a las ceremonias de inauguración del Presidente Washington.

Order for Conducting the Ceremonial for the inauguration of the President of the United States – from the Continental Congress

The committees of both houses appointed to take order for conducting the ceremonial for the formal reception, etc., of the President of the United States on Thursday next have agreed to the following order thereon, viz:

That seats be provided in the Senate chamber sufficient to accommodate the late President of Congress, the

Governor of the Western Territory, the five persons being the heads of the great Departments, the minister plenipotentiary of France,(1) the encargado de negocios of Spain (2), the chaplains of Congress, the persons on the suite of the President…

That one of the assistants wait on these gentlemen and inform them that seats are provided for their accommodation and also to signify to them that no precedence of seats is intended and no salutation is expected of them… ".

Traducción: Orden de actividades de la ceremonia de inauguración del Presidente de los Estados Unidos – Congreso Continental (Martha G. Steinkamp)

El comité de ambas cámaras nombrado para determinar el orden de la ceremonia durante la recepción formal, etc., del Presidente de los Estados Unidos el jueves próximo ha acordado lo siguiente:

Que suficientes asientos estén disponibles en la cámara del Senado para acomodar al anterior Presidente del Congreso, el Gobernador de los Territorios del Oeste, los cinco jefes de Departamentos, el ministro plenipotenciario de Francia (1), el encargado de negocios de España (2), los capellanes del Congreso y los individuos del conjunto privado que acompañen al Presidente ... Que uno de los asistentes atienda a estos invitados y les informen donde deben tomar asiento y además de explicar que no existe preferencia que determine el lugar de los asientos)

(1 – ministro plenipotenciario de Francia se refiere al Marqués de LaFayette;(2 Encargado de Negocios de España se refiere a Don Diego de Gardoqui.)

Nota: En 1781 Gardoqui fue nombrado Encargado de Negocios con autoridad para negociar ciertos asuntos de acuerdo con las instrucciones previamente recibidas. Se debería comunicar con Floridablanca a través de La Habana de donde se mantenía un correo mensual con la Corte, pero podría enviar sus comunicaciones en buques mercantes que viajaban directamente a España, si él estimaba que ofrecían seguridad. Rendón actuaría como Secretario y dos jóvenes Jáudenes y Viar ayudarían con el trabajo de la delegación. Tendría un salario fijo de $12,000. Y además se le permitiría una cuenta especial para cubrir servicios secretos. Sus credenciales serían reconocidos en el mismo estilo que presentaban los embajadores españoles en Holanda y debería presentarlos con la misma formalidad que el ministro francés.

Carta del Secretario de Estado John Jay a Carlos III

Great and Good Friend:

With great satisfaction we received your Majesty's letter of the 27th of September last, which was presented to us by D. Diego de Gardoqui, your Encargado de Negocios the 2 of July. We consider his arrival here in that character as proof of your Majesty's friendly disposition towards us; and we recei-d him in a manner which was dictated by the same disposition in us towards your Majesty. Permit us to assure you that we entertain the most sincere wishes for your ajesty's health and happiness, and that our best endeavors shall not be wanting to ensure and perpetuate to both countries the blessing of concord, mutual frienship and good neighborhood.

We pray God great and well beloved friend to preserve you in holy keeping. By us the United States in Congres assembled at the City of New York the 15 day of August 1785.

Richard Henry Lee, P.
John Jay

El Presidente del Congreso de los Estados Unidos, Richard Henry Lee, escribe a Floridablanca en octubre:

"It is now necessary for me to retire for health reasons from the presidency of Congress... The appointment of Mr. Gardoqui has given great satisfaction in the United States and I am proud in the manner in which he was

received in the United States and he will continue to be treated with the greatest distinction, giving satisfaction to His Catholic Majesty and negotiating In all matters of limits pending between the two countries... "

≈≈≈

Reconocimiento Naval a Gardoqui

El buque *USS Gardoqui* perteneciente a la Marina de Estados Unidos que indirectamente honra a la familia Gardoqui.participó en la Segunda Guerra Mundial. Fue bautizado con este nombre en honor a un buque cañonero español del mismo nombre que fue capturado durante la Guerra Hispano-Americana. El *Garodqui* fue dado de baja del servicio activo en Mobila en 1946 y devuelto a la Administración de Buques de Guerra de los Estados Unidos.

Bibliografía

Divar Garteiz-Aurrecoa, Javier: *"El Consulado de Bilbao y sus Ordenanzas de Comercio de 1737", ISBN 978-84-7752-465-3 Academia Vasca de Derecho, Bilbao*

Divar Garteiz-Aurrecoa, Javier: *"El Embajador Don Diego Maria de Gardoqui y la Independencia de los EE.UU" ISBN 2173-9102 Universidad de Deusto, Boletín Academia Vasca de Derecho, 2010*
Calderón Cuadrado, Reyes – Monografía*"Empresarios españoles en el proceso de indenpendencia norteamericana. La Casa Gardoqui e hijos de Bilbao"* .Unión Editorial Instituto de Ivnestigaciones Eonómicas y Sociales Francisco de Vitoria
"El personaje y su tiempo" – Archivo Foral, Servicio de Patrimonio Histórico, Diputaciòn Foral de Bizkaia
"Signaturas BILBAO ACTAS Archivo Foral, Servicio de Patrimonio Histórico, Diputaciòn Foral de Bizkaia
Archivo Historico Nacional Madrid, *Estado*, Legajo 3885, *Expediente* 26.
José M. Arriola y Jaime Arriola, Tratado Pickney, El Río Misisipi, Bibloteca Privada
Mary V. Thompson, Research Historian, Mount Vernon Estate and Gardens Mount Vernon website www.muntvernon.org

Library of Congress:
Papers of George WAshington The Writings of George Washington from the Original Manuscript Sources, 1745-1799. John C. Fitzpatrick, Editor.
Letter Book" copy in the *Washington Papers*.]
Diaries of George Washington
Adams Papers
Adams Family Correspondence

Naval Documents of the American Revolution 1774-1775 – American Theater
U.S., Government Printing Office, Washington DC 1964

CAPÍTULO 7

Las Batallas

La revolución americana comenzó con algunas pequeñas escaramuzas entre el ejército inglés y grupos de milicias mayormente formadas por colonos que eran terratenientes o comerciantes.

Las batallas tuvieron lugar en muchas localidades, regiones y océanos sobre todo cuando el conflicto tomó carácter internacional al entrar en el mismo otras potencias europeas.

Si detallamos todas las batallas importantes, que fueron muchas, este libro sería complejo y casi interminable. Las batallas que se presentan detalladamente son tres: Saratoga, Pensacola y Yorktown. Estas son las batallas que tuvieron el impacto más significativo en la Guerra y en los participantes : las trece colonias, Francia, España e Inglaterra.

Parte de la estrategia acordada por España y Francia consistía en distribuir sus fuerzas navales por distintas posiciones claves, unas veces confrontando a los ingleses en batallas, y otras impidiendo que éstos movilizaran sus fuerzas.

Por otra parte, crearon situaciones debido a las cuales Inglaterra comenzó a preocuparse con la idea de una posible invasión al país por parte de las fuerzas navales aliadas las cuales al unirse superaban a las inglesas.

La otra preocupación era Gibraltar, pues era de conocimiento público que España pretendía recuperar el territorio. Los aliados habían tomado medidas preventivas para evitar que los ingleses pudieran enviar refuerzos a Gibraltar.

Sin embargo, Rodney al mando de la flota inglesa salió de Plymouth el 27 de diciembre de 1779 con 200 buques mercantes, 20 navíos de línea como escolta y 14 fragatas. Estos serían divididos en tres direcciones. Unos con destino a América, otros hacia la India y otros con refuerzos para Gibraltar.

El primer encuentro con un convoy español fue una victoria fácil para Rodney, ya que el convoy español se rindió sin entrar en combate. Todos los buques estaban en buenas condiciones y se unieron a la flota de Rodney quien ordenó que varios regresaran a Inglaterra y el resto siguió hacia Gibraltar.

El 15 de enero, casi llegando a Cape St. Mary, Rodney avistó una pequeña flota española y la dirección de los fuertes vientos le favorecían. El Capitán Lángara al mando de los buques españoles decidió regresar a Cádiz y los buques menos ligeros fueron capturados por Rodney quien llegó a Gibraltar los días 18 y 19.

Se hace difícil comprender la secuencia de estos eventos ya que los españoles tenían conocimiento de que una flota inglesa estaba navegando por la costa de Portugal y no hicieron preparativos de ninguna clase para el encuentro que era inevitable. Además resulta inconcebible que Córdova que estaba en Cádiz con buques listos para navegar, no tomara ninguna acción al respecto.

Esta falta de acción por parte de Córdova marca el comienzo de la falta de iniciativa de su parte que ocasionalmente se manifestó durante el curso del conflicto. Algunos historiadores opinan que *"es posible que esta haya sido la razón por la cual España nunca recuperó Gibraltar"*. Alsina Torrente, Juan *Una Guerra Romántica, 1778-1783, Ministerio de Defensa, Madrid.*

De Nuevo Rodney continuó navegando a lo largo de la costa portuguesa. La flota de Brest con 19 buques españoles y 4 franceses salió de Brest y llegó a Cádiz mientras que Rodney todavía estaba en Gibraltar.

La flota franco-española superaba doblemente la de Rodney, sin embargo Córdova indicó que las tormentas dañaron sus buques y no pudo hacer nada para detener a Rodney.

Es importante relatar estos acontecimientos para comprender que hubo ocasiones en que la marina inglesa tuvo éxito en los encuentros con los aliados, no debido a su poderío o habilidad sino debido a la falta de acción apropiada por parte de los aliados.

Una vez que los buques franceses fueron reparados, salieron en la primavera hacia Norteamérica con un convoy transportando aproximadamente seis mil soldados bajo el mando de general francés Rochambeau.

Bajo la nueva estrategia que incluía la toma de Jamaica, España ordenó al Almirante José de Solano que organizara una flota y un convoy con tropas para una campaña en colaboración con la flota francesa de Guichen.

Las órdenes detallaban la toma de Jamaica y además el apoyo de las tropas españolas en el Caribe.

Después de los encuentros con Rodney, los aliados decidieron concentrar sus fuerzas en Cádiz a donde las nuevas fuerzas francesas llegaron bajo el mando de Córdova. La nueva flota incluía 40 buques de los cuales 9 eran franceses bajo el mando del Contralmirante De Beausset.

La idea era intensificar el bloqueo y luego de varias consideraciones se decidió reforzar las defensas de tierra. También se organizó una participación activa de la Armada que añadió al esfuerzo unos 30,000 soldados, 16 buques, 60 pequeñas embarcaciones y 10 baterías flotantes (invento de Barceló).

Finalmente, la flota de Córdova con 31 buques, de los cuales 22 eran españoles y 9 franceses, bajo el mando de Beausset, se unió al bloqueo ya que el mismo se encontraba navegando. En el momento le notificaron a Córdova que otra flota inglesa había salido con 50 buques mercantes que llevan dos fragatas como escolta.

El encuentro que tomó lugar en Cape St. Vincent terminó con una victoria de gran ventaja para Córdova, ya que capturó e integró en su flota a varios buques pertenecientes a la marina inglesa además de mil trescientos cincuenta soldados que eran los refuerzos destinados para Rodney.

Sin embargo lo más importante que cabe señalar en esta victoria es la captura de un millón de libras (aproximadamente 90,000 millones de reales) suma destinada a pagar los salarios de los soldados ingleses en América.

Simultáneamente los ingleses estaban acusando a los holandeses de comerciar con las colonias además de proveerles armas, especialmente de las colonias holandesas en el Caribe. Esta es la razón por la cual en 1780 Inglaterra declaró la guerra a Holanda, añadiendo un tercer aliado al conjunto que ya existía, que le preocupaba y al que debe enfrentar.

Al entrar la marina holandesa en la guerra al lado de Francia y España, se añaden 40 navíos de línea, que aunque no eran lo suficientemente grandes para transportar artillería pesada pero tenían tripulaciones con vasta experiencia.

Estas actividades resultaron ventajosas para las colonias y era parte de la estrategia seguida por los aliados durante el conflicto.

La falta de pago creó gran descontento entre los soldados ingleses quienes a menudo desertaban. El bloqueo inmovilizó a las flotas inglesas y a menudo les impidió enfrentarse a los aliados cuando éstos transportaban armas y materiales para las colonias.

La ayuda a las trece colonias por parte de España fue múltiple: esfuerzos diplomáticos, generosa asistencia económica – a veces en forma de préstamos otras como subvención – proveyendo armas y materiales y finalmente en combates navales.

Esta estrategia global por parte de España, en colaboración con Francia y Holanda en definitiva derrota a Inglaterra. *Tomado del texto "Una Guerra Romántica 1778-1783 España, Francia e Inglaterra en la mar" Juan Alsina Torrente, Conde de Albay. Ministerio de Defensa, Instituto de Historia y Cultura Naval, Madrid, España 2006*

≈≈≈

Saratoga

Primera batalla - 17 -19 de septiembre de 1777
Segunda batalla - 7 de octubre de 1777

El General inglés Burgoyne estimaba que para aislar las colonias de Nueva Inglaterra y controlar el río Hudson era necesario invadir las colonias americanas procediendo desde el Canadá y avanzar bajando por el valle del Hudson hasta Albany.

En junio de 1777, las fuerzas armadas de Burgoyne que sumaban más de 7,000 hombres – no todos ingleses (*algunos hesses provenientes de Brunswick, mercenarios alemanes que luchaban con los ingleses*), salieron de St. Johns en el Lago Champlain con destino al Fuerte Ticonderoga.

Antes de comenzar el ataque, y para intimidar a los rebeldes Burgoyne distribuyó una proclama indicando que no vacilaría en añadir durante el ataque a miles de tropas de Indios que servían bajo su mando.

Esta táctica lejos de asustar a los rebeldes les hizo luchar decididos a vencer.

Durante la primera batalla los rebeldes se volvieron a Mount Independence donde los ingleses los vencieron y como resultado Burgoyne continuó camino de Albany.

Sin embargo, de momento ocurrió un cambio inesperado y sorprendente.

Sir William Howe estaba supuesto a desplegar sus tropas para unirlas con las de Burgoyne de modo de tomar los últimos pasos para finalizar el aislamiento de las colonias de Nueva Inglaterra.

Por razones desconocidas y no bien comprendidas, Howe decidió cambiar su plan y atacó la capital rebelde de Filadelfia.

En el mes de agosto, Burgoyne recibió noticias indicando que una pequeña tropa defendía el depósito de suministros de Bennington, Vermont. Reconociendo que la situación de sus suministros se estaba deteriorando, decidió enviar las tropas de mercenarios alemanes a atacar el depósito con la idea de que regresaran con todos los suministros que encontraran en el depósito. Sin embargo, las tropas alemanas encontraron fuerte resistencia y fueron capturados.

A fines de septiembre y durante la primera semana de octubre de 1777 las tropas del General Horacio Gates se encontraban situadas estratégicamente entre las tropas de Burgoyne y Albany. El 7 de octubre Burgoyne inició el ataque.

Las tropas se enfrentaron al sur de Saratoga donde para gran sorpresa y consternación de Burgoyne sus tropas fueron vencidas y más del ochenta y seis por ciento fue capturado.

La victoria de Saratoga constituyó el primer triunfo de los rebeldes que conlleva gran significación. Es también la primera derrota total de los ingleses a manos de un ejército que consideraban inferior.

La importancia de este "triunfo colonial" se extendió más allá de lo que significaba ganar una batalla contra los ingleses. En cuanto la noticia llegó al otro lado del Atlántico las potencias europeas comenzaron a percibir el conflicto de manera muy diferente.

Consecuencias

El 6 de diciembre de 1777, sólo dos meses después que los ingleses fueron derrotados en Saratoga, el Rey Luis XVI de Francia reconoció a los Estados Unidos de América

A principios de 1778, Luis XVI y su ministro de relaciones exteriores Conde de Vergennes, se reunieron con Benjamín Franklin y firmaron un tratado formal de alianza.

La derrota inglesa en Saratoga, cambió la dinámica del conflicto.

Una situación que inicialmente se manifestó como un conflicto local que tenía como objetivo controlar la rebelión de las colonias de Nueva Inglaterra, súbitamente se convirtió en una guerra internacional.

De pronto Gran Bretaña tuvo que enfrentarse a las dos potencias más poderosas del momento – España y Francia. Eventualmente, este conflicto tendría como escena final la pérdida de las trece colonias para el Imperio Británico.

≈≈≈

Bernardo de Gálvez
Panzacola - La Batalla de Panzacola

Macharaviaya, es un municipio de la provincia de Málaga en España que forma parte de los pueblos blancos de la Axarquia. El pueblo creció de una pequeña finca árabe, cuyo nombre adoptó pero la expulsión de España de los moros creó un éxodo que lo dejó casi desierto.

La llegada imprevista de la familia Gálvez en el siglo XVIII hizo renacer el pueblo.

Durante todo el siglo XVIII y parte del XIX el pueblo disfrutó de una gran prosperidad económica y continuamente recibía la visita de dignatarios de otras provincias que venían a establecer relaciones con los Gálvez.

Durante esta época se construyó una iglesia nueva y la Real Fábrica de Naipes y el Banco Agrícola fueron establecidos además que se dragaron acequias para proveer agua potable.

Tal fue el impacto económico creado por los Gálvez, que hubo quienes le llamaban "el pequeño Madrid" lo cual era algo exagerado, pero nos indica el enorme crecimiento económico en esa época.

La familia Gálvez contaba con cinco miembros de gran talento. José, Antonio, Miguel, Matías y su hijo Bernardo.

José de Gálvez, Marqués de la Señora, era un abogado famoso que llegó a ser Ministro del Consejo de Indias e implementó regulaciones fiscales importantes en el Tesoro Real. También se distinguió como Inspector del Virreinato de Nueva España.

Miguel llegó a ser uno de los más distinguidos abogados y diplomáticos de la época además de consejero de la Casa Real y Presidente de la Academia Real de Derecho y Concejal Vitalicio del Consejo de Málaga.

Antonio recibió el nombramiento de Administrador General de Islas Canarias y más tarde Mayor General de la Bahía de Cádiz que incluía el puerto de Cádiz donde estableció relaciones comerciales con naciones africanas.

Matías era teniente general del ejército Real y virrey de la Nueva España y apoyó el desarrollo de la Academia de Bellas Artes y organizó el Banco de San Carlos que más tarde se convirtió en el Banco de España.

El hijo de Matías, Don Bernardo de Gálvez terminó su formación militar en Francia a la vez que perfeccionó su dominio del francés, lo cual le servió de gran beneficio en sus próximos nombramientos.

El 22 de mayo de 1776 Bernardo recibió el nombramiento de Coronel del Regimiento Permanente de Luisiana en Nueva Orleans.

Sólo dos meses más tarde Carlos III le nombró Gobernador del Territorio de la Luisiana debido a la necesidad de reforzar las posesiones españolas en el área del delta del Misisipi. Después de ratificado el Pacto de Familia de los Borbones, España declaró la guerra a Inglaterra.

La estrategia de Gálvez para solidificar el dominio español en las regiones del sur consistió en traer a los Indios residentes en el área, además de reclutar colonos de las Islas Canarias y de Málaga. Estos fueron los fundadores de las ciudades de Galvestown, Nueva Iberia, Valenzuela y Baral.

Habiendo llevado a cabo con éxito esta estrategia, se le concedieron ciertas prerrogativas del Tesoro Real para organizar un ejército en las costas del Misisipi.

El puerto de Nueva Orleans y todos los puertos a lo largo del Misisipi permanecieron abiertos a los rebeldes americanos que así podían navegar por el río sin grandes temores.

El 18 de abril Gálvez ordenó a todos los residentes ingleses que abandonaran la Luisiana en un plazo de quince días. Esta orden tuvo un propósito doble. Por una parte destruir el comercio inglés en el Misisipi y por otra poner en vigor nuevas regulaciones que permitían a los comerciantes de Luisiana comerciar con Francia y sus colonias.

A pesar que España se mantenía oficialmente "neutral", se estaba preparando para declarar la guerra a Inglaterra. Gálvez diseñó un sistema clandestino de abastecimiento de armas y otros suministros a los rebeldes. Las armas habían sido pedidas con urgencia por el General Lee, Patrick Henry y George Morgan. Este último al mando del Fuerte Pitt, hoy conocido como Pittsburgh.

Un buque mercante navegando hacia el norte por el Misisipi, bajo bandera española y tripulación española, llevando 10,000 libras de pólvora, llegó a Fort Pitt. Este suministro hizo posible la derrota de los ingleses a manos de los rebeldes.

La asistencia de Gálvez incluyó un préstamo a los americanos de aproximadamente 74,000 dólares además de enviar provisiones (mantas, quinina, zapatos) y suministros militares (pólvora, rifles y municiones) a través del Misisipi por un valor 25,000 doblones. Estos suministros llegaron a la frontera de Pennsylvania y Virginia y fueron distribuidos inmediatamente entre las tropas de George Washington y la División del Sur, en ese momento al mando del General Lee.

Todas las acciones de Gálvez que estaban sancionadas en secreto por la Corte española permitieron a los rebeldes mantener el control de los territorios al oeste de las montañas Allegheny.

Durante 1779 Gálvez se dedicó a reforzar las defensas de Luisiana ya que conocía que los ingleses planeaban invadir y estaban preparando un ataque a Nueva Orleans. Además estaba consciente que la declaración de guerra por parte de España era inminente.

Gálvez decidió llevar a cabo un ataque sorpresivo contra los ingleses. Esto complementó por anticipado las órdenes que llegaron de España a fines de junio indicando que "*todos los esfuerzos deben ser dirigidos a remover las fuerzas inglesas de Panzacola, La Mobila y cualquier otra posesión inglesa en el Misisipi.*"

Gálvez sin dar a conocer su destino salió navegando hacia Manchac. Llegó el 7 de septiembre y atacando sorpresivamente tomó el fuerte ya que el gobernador inglés no tenía conocimiento de que España había declarado la guerra a Inglaterra.

Dos semanas más tarde Gálvez continuó con su plan y se preparó para atacar Baton Rouge y en solo tres días de lucha derrotó a los ingleses y destruyó el fuerte.

Sin embargo, las demandas de Gálvez eran más exigentes y los ingleses tuvieron que entregar Baton Rouge, el fuerte de Natchez, la guarnición del rio Amite y el arroyo Thompson.

Simultáneamente 8 buques ingleses que traían suministros y refuerzos de Panzacola a estos fuertes, fueron capturados.

Gracias a las acciones de Gálvez, España ya controlaba todo el valle. Pero este no fue el fin de las acciones heroicas de Gálvez.

A principios de enero de 1780 salió navegando para La Mobila con mil doscientos soldados y 14 buques. El ataque al Fuerte Charlotte en La Mobila fue exitoso ya que la guarnición se rindió a Gálvez y sus planes de eliminar el dominio inglés del oeste de la Florida avanzaron rápidamente.

En la primavera Gálvez llevó a sus hombres a lo largo del río Misisipi hasta el Lago Michigan. El río estaba ya bajo control y las armas capturadas fueron entregadas a George Roger Clark. Esto facilitó la victoria en Vincennes dándoles control del valle del rio Ohio a los rebeldes y así se eliminó la presencia inglesa en el oeste.

Su próximo objetivo era Panzacola la capital de la Florida Occidental. Para preparar el ataque situó las tropas de la Habana en La Mobila. El plan tuvo que ser pospuesto ya que refuerzos ingleses llegaron a Panzacola.

Finalmente, unos días más tarde cuando la expedición estaba lista para zarpar, un huracán obligó a la flota a regresar al puerto luego de haber perdido algunos buques.

Gálvez regresó a La Habana para reorganizar la expedición que llevaría mil trescientos hombres a bordo de 20 buques

Un segundo esfuerzo:

A fines del verano Gálvez recibió la noticia que un contingente de tropas estaba por llegar a La Habana con José Solano como comandante de la escuadra, que incluía aproximadamente ciento doce mil hombres de los mejores de la armada y 16 buques de línea escoltando 140 buques de transporte.

En la opinión de Gálvez con estos refuerzos el ataque a Panzacola tendría éxito. Inmediatamente embarcó en el Galvestown hacia La Habana para obtener la aprobación del Consejo de Guerra para esta expedición.

La aprobación le fue otorgada antes de la llegada de Solano y para oficiar como comandante en jefe quería partir inmediatamente. Al llegar Solano le indicó su preocupación respecto a la idea de partir en esos momentos ya que se esperaban cambios severos en al tiempo y además pensaba que una espera de cuatro a seis días haría la partida tranquila y segura.

Sin embargo, Gálvez estaba ansioso ya que varias demoras habían obstaculizado la partida anteriormente. Convencido de que no se debían demorar ni siquiera por un día estaba seguro que la preocupación de Solano no tenía mucho fundamento.

Después de varios días de discusiones y reuniones con el Consejo de Guerra finalmente se le otorgó a Gálvez autorización para partir. Solano partió unos días más tarde.

Sin embargo, la preocupación y las advertencias de Solano se confirmaron. Un fuerte huracán azotó a la flota separando al convoy y la flota por varios lugares. Algunos terminaron en Nueva Orleans y otros en La Mobila. A todo esto hubo que añadir las vidas perdidas que se estimó fueron aproximadamente dos mil.

Este desafortunado incidente no desalentó a Gálvez quien insistió en reorganizar lo que quedaba de la flota y continuar hacia Panzacola. Sin embargo, esta vez tanto el comandante de la flota, Gabriel de Aristizábal como todos los otros comandantes de marina insistieron que era el momento de regresar a La Habana, algo que no complació a Gálvez.

Aunque la toma de Panzacola continuaba siendo el principal objetivo de España en Norte América, en una reunión del Consejo de Guerra el 30 de noviembre se deliberó si "la toma de Panzacola se debía intentar de nuevo".

Por supuesto, Gálvez se dirigió al Consejo y con gran determinación recordó con gran insistencia la importancia de continuar los preparativos y de nuevo llevar adelante la expedición.

"... Es mi voto que la expedición contra Panzacola se rehabilite y emprenda para el tiempo que la misma Junta resuelva."

No obstante que en dos cartas del general de Panzacola, Mr. Campbell. . . dice en la una que tiene puesta aquella plaza en tal estado que puede defenderse de cinco mil españoles, y en la otra que no teme cualesquiera fuerza con que se le ataque, con tres mil hombres que se me den en La Habana. y su tren de batir correspondiente, me hago cargo de atacarla y rendirla, a menos que los enemigos, con nuevos socorros o auxilios imprevistos, la hagan más inexpugnable de lo que la considero al presente.

Es cierto que la fortuna se nos ha mostrado últimamente poco propicia, pero vuél-vase la cara a nuestros enemigos y véase cuánto más sensibles son los azotes con que el cielo los ha castigado. Han perdido un convoy rico y las tropas que en él tenían; las enfermedades que en sus islas padecen son más, haciendo la muerte mayores estragos; el huracán para ellos ha sido furioso, y su descalabro no se ha limitado solo a sus escuadras y flotas, sino que una parte de la isla de Jamaica se ve asolada y destruida. Los ojos de Dios nos han mirado con más misericordia; hemos, a la verdad. sufrido un recio temporal, pero yo considero este golpe más como un trastorno que como un desbarato.

Los ingleses salieron para Charlestown, dióles un tiempo que desunió su escuadra y arrojó algunos del convoy hasta las mismas costas de Inglaterra. Esto es poco más o menos lo que nos ha sucedido; pero los ingleses no desmayaron, se buscaron, se reunieron, y atacaron con la felicidad que se sabe. Y que no seremos capaces de otro tanto?..."(Reparaz, Carmen de, *Yo Solo Bernardo de Gálvez y la toma de Panzacola 1781)*

Un inesperado acontecimiento apoyó indirectamente la posición de Gálvez. El había situado el pueblo de La Mobila en la parte este de la bahía para protegerlo de los ataques británicos. Sin embargo, los ataques recientes demostraron que a pesar que los españoles salieron victoriosos y la guarnición pudo repeler los ataques, en realidad La Mobila no poseía las defensas adecuadas, lo que hacía la toma de Panzacola aún más importante.

Todos estos acontecimientos tuvieron lugar mientras Gálvez se encontraba en La Habana finalizando los preparativos para la tercera expedición.

Varias circunstancias favorecieron los planes de Gálvez. Ya por estos momentos las tropas españolas estaban convencidas de su superioridad sobre los ingleses, debido a los varios triunfos recientes y por otra parte por la asistencia continua por parte de España..

El 18 de febrero de 1781 la expedición zarpó de La Habana en el tercer intento para capturar Panzacola. La expedición contaba con un total de 32 buques además de varias fragatas, paquebotes, bergantines y una goleta.

Una fragata"Western Norland" era el buque hospital y dos paquebotes transportaban los suministros militares. Las tropas se componían de tres mil ciento setenta y nueve hombres de los cuales mil quinientos cuarenta y tres eran de infantería, mil doscientos cuarenta y nueve del personal y tripulación de los buques de guerra y los restantes trescientos ochenta y siete navegaban en los buques de guerra. Todas las tropas estaban bajo el mando absoluto de Gálvez.

"... *los buques de guerra están bajo las órdenes absolutas del General Bernardo de Gálvez, de modo que él los dirige de la misma manera que a las tropas de infantería. Es importante tener todos los comandos bajo un solo individuo para garantizar el éxito de la operación pues en realidad nada sería más desastroso que una variedad de opiniones y órdenes en una operación tan compleja*"...Francisco de Saavedra, miembro del Consejo de Guerra y más tarde ministro de Carlos IV.

Un buque de guerra francés y una fragata de la flota de Chevalier de Monteil también zarparon de La Habana para estar en disposición de unirse al convoy español si fuera necesario. La flota francesa de la División Naval de las Antillas colaboró en el ataque a Panzacola siempre cumpliendo con la estrategia de Gálvez.

Gálvez era el Comandante en Jefe de la expedición. La fragata San Ramón llevaba su estandarte. Pero el Capitán del buque era José Calvo de Irazábal quien tenía órdenes del Teniente General Don Juan Bautista Bonet, de seguir las órdenes de Gálvez al pie de la letra sin violar las Ordenanzas de la Real Armada.

Luego de considerar todas las opciones Gálvez decidió modificar su estrategia, mediante la cual señalaba que el desembarco se llevaría a cabo al este de la Isla de Santa Rosa. La misma protegía la Bahía de Panzacola de las inclemencias del tiempo características del Golfo de México de modo que se podría anclar con seguridad mientras se reunían las tropas procedentes de otras posiciones.

Gálvez reunió a los cuatro comandantes de los buques de guerra para informarles del nuevo plan Ellos debían desembarcar en la Isla y atacar a los ingleses en el lado oeste en la Punta de Sigüenza evitando así quedar atrapados entre dos fuegos desde el fuerte Barrancas Coloradas. Todos los oficiales estuvieron de acuerdo y aprobaron el plan.

Un nuevo buque se unió a la expedición. El Galveztown que venía de La Habana bajo el mando de Pedro Rousseau. se unió a la flota. En la noche del día 9 los soldados desembarcaron llevando consigo raciones para tres días anticipando la posibilidad de una larga batalla.

Los primeros en disparar fueron dos buques ingleses que estaban en posición para defender la entrada de la bahía. En realidad la presencia de la flota española no les sorprendió ya que habían temido una invasión española por más de un año.

Por su parte a principios de 1781, el General Campbell había reforzado sus defensas de modo que estaba convencido que había tomado todas las precauciones necesarias para defender la plaza.

La guarnición de Panzacola estaba formada por el Fuerte George y al norte del mismo Campbell había construido la fortaleza Príncipe de Gales y hacia su noroeste la fortaleza de la Reina; además en el 1780 erigió una batería llamada Fuerte Barrancas Coloradas cerca de la entrada de la bahía. Campbell creyó estar bien preparado para enfrentar cualquier situación. Además solicitó refuerzos repetidamente de modo que estimaba que había tomado todas las precauciones necesarias para defender la plaza cuando fuera necesario y resultar victorioso.

Como anteriormente los ataques españoles habían fracasado, decidió enviar la fragata *Hound* hacia Jamaica con casi todos los buques mercantes y de abastecimiento que hasta entonces habían permanecido en la bahía con toda la tripulación.

Esta decisión por parte de Campbell resulta difícil de comprender. Aunque es cierto que él había reforzado sus defensas, porqué decide deshacerse de los buques de abastecimiento cuando continuaba esperando una invasión española en vista de que ya había sufrido varios ataques aunque los mismos no fueron exitosos?

En vista de la llegada de las tropas españolas, el General Campbell se preparó para la defensa e informó del ataque a Peter Parker, Almirante de Escuadrón de su Majestad Británica y Gobernador de las Islas indicando que era necesario que le ofrecieran apoyo naval.

Al mediodía del día once ya los planes estaban listos para ser implementados y los buques listos para entrar a la bahía de Panzacola. Gálvez embarcó en el *San Ramón* para estar directamente involucrado en todas las operaciones. Se sorprendió al darse cuenta que el comandante del buque, José Calvo de Irazábal dio órdenes de regresar el buque al punto de partida y anclar.

Calvo dio esta orden debido a lo ocurrido poco antes cuando el buque quedó prácticamente inmovilizado al tocar fondo a pesar que se habían descargado el lastre y los suministros para aligerarlo.

Penetrar la bahía de Panzacola era definitivamente una tarea ardua. La prueba estaba presente al comprobar que el *San Ramón* había tocado fondo al intentar su entrada. Calvo como comandante de la flota, temeroso de que los otros buques encontraran la misma dificultad, rehusó enviar el resto de los buques a pesar que los mismos se habían aligerado con la idea de poder atravesar sin tocar fondo. Además como las condiciones del tiempo se estaban deteriorando, Calvo decidió cancelar totalmente la orden de entrar al puerto.

Los diversos criterios existentes con relación a la continuación de la operación comenzaron a crear una situación conflictiva entre Calvo y Gálvez.

El tono de la correspondencia entre ambos va cambiando. Gálvez responde a una de las cartas de Calvo...

".. He notado que existen ciertas suposiciones erróneas y dudas que usted consideraba diferentes anteriormente. La proposición de su señoría referente al desembarco en tierra pondría en riesgo a mil trescientos hombres cuando el Rey ha ordenado que el ataque a Panzacola se debe llevar a cabo con no menos de cuatro o cinco mil hombres. Opino que la ayuda que usted propone no es suficiente para este tipo de operación ..."
Bernardo de Gálvez, Campamento de Santa Rosa 13 de marzo de 1781

De momento las operaciones parecían casi paralizadas. La oposición de Calvo aumentó y en otra carta dirigida a Gálvez explicó en detalle todos los desastres que él creía podrían ocurrir debido a la insistencia de Gálvez en penetrar la bahía, aún sin esperar la llegada de todos los hombre necesarios para ocupar las posiciones. Calvo escribe:

":... su señoría me indica que usted posee órdenes del Rey indicando que no se lleve a cabo el ataque con menos de cuatro o cinco mil hombres de modo que no podemos actuar en contra a un decreto real...

...su señoría indica en su correspondencia que existen ciertas dudas que no están basadas en la realidad mientras que es cierto que el Fuerte de Red Cliffs no será removido y no conozco de ningún piloto experto tampoco para asistir en la navegación en estos momentos.... Todo esto podría causar la ruina completa del convoy y las tropas. A bordo del buque de línea San Ramón cerca de la costa de
Panzacola, el 14 de marzo de 1781.B.L.M. & c. José Calvo de Irazábal

Esta carta venía acompañada de un fallo por escrito del Consejo que está unánimemente opuesto a Gálvez y en apoyo de Calvo. Además el deterioro de las condiciones del tiempo confirma que la posición de Calvo es correcta.

La correspondencia describe una situación muy tensa.

Gálvez respondió brevemente desde Santa Rosa el 16 de marzo de 1781 y le deja saber a Calvo que sus cartas le hacen pensar que él (Calvo) es de un pensamiento independiente y quizás no se considera bajo las órdenes de él.

"Muy Señor mío: Paréceme muy bien cuanto VS. me dice en su oficio de hoy ha dispuesto para auxiliar las tropas de la Mobila, y aprovecho esta ocasión para preguntar a V.S. si en este asunto a la entrada del puerto, operación aneja a la conquista de Panzacola, se considera o no a mis órdenes, pues algunas expresiones de sus anteriores oficios me han hecho sospechar que V.S. piensa con

demasiada independencia. Dios guarde a VS. muchos años. Campo de Santa Rosa, 16 de marzo de 1781. B.L.M.&c. Bernardo de Gálvez"

Gálvez está resuelto a continuar con su plan y tomó una decisión definitiva que cambiará el curso de la Historia. Decidió acometer personalmente el primer intento de penetrar la bahía.

Las tripulaciones estaban desconcertadas y se les llamó a una reunión para escuchar el mensaje de Gálvez:

"...Una bala de 32 recogida en el campamento que conduzco y presento, es de las que reparte el Fuerte de la entrada. El que tenga honor y valor que me siga. Yo voy por delante con el Galveztown para quitarle el miedo..."

Inmediatamente Calvo respondió indignado pues la carta de Gálvez implicaba que Calvo era un cobarde:

".. El General es un audaz, malcriado traidor al Rey y a la Patria y el insulto que acaba de hacer a mi persona y a todo el cuerpo de Marina, lo pondré a los pies del Rey, el cobarde es él, que tienen cañones por culabta. Otra vez semejante recado me lo debe mandar por un hombre ruin y no por un oficial para tener la satisfacción de colgarlo de un penol"

Calvo no había reconocido que ya Gálvez había dado por terminada su participación en la campaña.

Como Gobernador de Luisiana, Gálvez tenía poder para incautar los buques de la flota que zarparon de Luisiana. El sólo embarca en el *Galveztown*

Una vez a bordo dió la orden al Capitán Rousseau de izar la insignia de su rango seguido de quince cañonazos de regulación de manera que tanto las tropas españolas como las inglesas que estaban en el fuerte no tuvieran duda de quién iba a bordo. (Tomado del texto de *"Solo Yo/ I Alone Bernardo de Gálvez and the Taking of Pensacola in 1781" Bernardo de Gálvez y la Toma de Panzacola Carmen de Reparaz, 1993 Ediciones de Cultura Hispánica)*

Tres buques de la Luisiana le siguieron: el Valenzuela y dos lanchas equipadas con cañones. Sorprendentemente las aguas en la entrada del canal estaban tranquilas, pero Gálvez estaba consciente que según se acercara a las defensas de Barrancas Coloradas podrían enfrentar no ya una derrota sino probablemente un verdadero desastre. Sin embargo, todos los que lo acompañaban conocían los peligros que enfrentaban y las consecuencias de esta operación pero estaban decididos a completarla con honor.

Los ingleses comenzaron el ataque dirigiendo el fuego especialmente hacia el Galveztown en donde rápidamente distinguieron la presencia de Gálvez. Pero el buque a pesar de haber sufrido algunos daños, logró entrar al canal cerca de la Isla de Santa Rosa . Las tropas que ya estaban en la playa observaron como el plan del Comandante tuvo éxito.

Mientras tanto Calvo continuó anclado e insistió en mantener el *San Ramón* fuera de la bahía. De nuevo le escribió a Gálvez el 19 de marzo de 1781 desde el *San Ramón.* Nuevamente explicó las razones que justificaron sus acciones y además le indicó que daba por terminada su responsabilidad en la expedición y estaba obligado a regresar a la Habana

Calvo además se comunicó con los oficiales del *San Ramón* y les explicó que de acuerdo a las órdenes que recibió al comienzo de la campaña él entendía que había cumplido su misión con la entrada de la fragata y el convoy al puerto y por lo tanto decidió regresar a La Habana.

Aunque Gálvez anteriormente había dado por terminada la participación de Calvo y toda relación con él, le respondió inmediatamente confirmando que como él (Calvo) había desconocido sus órdenes pues que continuara por esos caminos que eran totalmente desconocidos para Gálvez.

"Estimado Señor: Respondo a la nota con fecha de hoy de su Señoría afirmando que se ha separado de mis órdenes y se ha actuado bajo sus propias instrucciones. Continúe obedeciendo esas órdenes si le place, las cuales yo desconozco. Respetuosamente, Campamento de Santa Rosa, 19 de marzo de 1781. Bernardo de Gálvez

Sin embargo el *San Ramón* permaneció anclado por cinco días más ya que nuevamente los fuertes vientos le impidieron zarpar..

Calvo temeroso de la reacción de sus superiores una vez que conocieran las razones que lo llevaron a tomar ciertas decisiones, decidió en lugar de navegar hacia La Habana tomar rumbo a Matanzas para desde allí notificar su llegada.

Desafortunadamente, Calvo deberá explicar su actuación en Panzacola una y otra vez, durante el resto de su carrera naval.

La bahía de Panzacola estaba en manos de los españoles dando crédito al coraje y los conocimientos militares de Gálvez.

Pero la situación continúa siendo preocupante. Gálvez recibió información por vía de La Habana, que los ingleses planean quemar Panzacola si se les atacaba.

En principio, Gálvez y Campbell mantuvieron correspondencia entre sí con referencia a estas amenazas y plantearon acuerdos relativos a las condiciones del combate. Más tarde la correspondencia incluyó a Peter Chester el Gobernador del oeste de la Florida.

Gálvez propuso que el pueblo de Panzacola fuera declarado "coto vedado" respecto a toda acción hostil de modo de evitar pérdidas civiles y con algunas excepciones las dos partes cumplieron el acuerdo.

La preocupación de pérdidas civiles, ya sean partícipes de un conflicto o no, está siempre presente en las ocasiones en que Gálvez está al mando de una campaña, lo cual demuestra sus valores morales.

Peter Chester respondió a su proposición:

"...permit me to take another step by informing Your Excellency that the residents of this city live in peace there, as in the surrounding areas and settlements. For this reason, I expect that your generous and humane sentiments serve for Your Excellency to give an affirmative order so that your troops and the naval personnel belonging to Spain or an alliance with her, do not inflict harm nor increase the misfortunes of those peaceful subjects, their families and possessions. May God keep Your Excellency for many years."

Pensacola, 21st of March, 1781. Peter Chester

Gálvez respondió a Chester: *"Your Excellency and Dear Sir:... and that the women and children remain in the town of Pensacola. Your Excellency expects that on my behalf I will issue strict orders preventing troops and sailors of the expedition under my command to cause them any harm. Finding myself somewhat indisposed today, I am*

prevented from having the satisfaction of answering Your Excellency on these matters.
Nonetheless I have requested that Lieutenant Colonel Dickson explain to Your Excellency my manner of thinking, until tomorrow, when I will give Your Excellency my answer in writing. May God keep Your Excellency for many years.

Santa Rosa Encampment, 21st of March, 1781.
Bernardo de Gálvez

Pero Gálvez y sus tropas observaron durante la noche como los soldados ingleses prendieron fuego a varias casas y llegaron a la conclusión de que la correspondencia de los ingleses no había sido sincera y que sólo hubo intención de engañar a los españoles.

Gálvez escribió a Campbell y a Chester pero a cada uno de forma diferente. A Campbell:

" Your Excellency and Dear Sir:
At the same time as we reciprocally exchange the same proposals, as on both sides the question of the protection of property and wealth of individuals in Pensacola were addressed, I declare that before my very own eyes the unexpected insult of the burning of houses which are opposite my encampment on the other part of the bay occurred.

This event makes the bad faith with which you act and correspondingly the negative behaviour exercised towards the people of Mobile, a large part of whom have been victims of the horrible atrocities perpetuated by Your Excellency quite evident. All of which proves that your statements are insincere, that humanity is only a word, for although you often repeat it on paper, you do not know in your heart hat it means; your intention isto gain time in order to complete the destruction of West Florida.

I am indignant at my own credulity and the ignoble way with which you intended to delude me. I ought not to listen to, nor do I want to hear any other proposals than those of surrender, assuring Your Excellency that, as it will not be my fault, I will see Pensacola burning with as much indifference as I see all of its cruel arsonists perish in its ashes. May God keep Your Excellency for many years.

Santa Rosa Island, 22nd of March, 1781.
Bernardo de Gãlvez

En su carta al Gobernador Chester, le añadió una postdata anotando que le estaba incluyendo una copia de su carta a Campbell previendo una posible interferencia por parte de Campbell que no fuera totalmente cierta.

Your Excellency and Dear Sir: I regret that between yesterday and today the circumstances have changed so much that I am no longer able, nor ought to, reply to the proposals dealing with prisoners and families in Pensacola which Your Excellency put to me in his correspondence. If the fate of the latter interests Your Excellency, as is to be expected, direct yourself to General Campbell, since everything depends on the attitude, whether good or bad, which he may display. I am personally a servant of Your Excellency. God keep you for many years. Santa Rosa Encampment,
22nd of March, 1781. Bernardo de Gálvez
PS. I include for Your Excellency's knowledge a copy of what I have written to General Campbell

Campbell respondió con gran indignación aclarando las medidas drásticas que tomará si la ciudad era atacada. Parecía que estaba listo para entrar en acción rápidamente.

Your Excellency: The imperious style which Your Excellency exudes in a letter of this date, far from producing its obvious aim to intimidate, has caused me to oppose the ambitious enterprise which Spain has placed under your command. I shall cause all the destruction possible, and I shall carry out in this respect only my obligation to King and Country, a reason for me more powerful than fear of your displeasure. The officer charged with the command of the fort at Red Cliffs has orders to defend this post to the last. If he has deprived the enemy who attacks us of some shelter or advantageous post for his attacks, he has fulfilled his obligation, as long as in this no harm has been done, nor discomfort incurred to women, children or private property incurred. I repeat, Your Excellency, that if you make use of the city of Pensacola for your attacks on Fort George or for sheltering your troops, I am determined to carry out all that I have communicated to you. In so far as the reflections which most immediately relate to me, I believe I do not deserve them, and I disdain them. May God keep your Excellency for many years.

Headquarters of Pensacola, 22nd of March, 1781. *John Campbell*

La respuesta de Chester reflejaba un tono más conciliatorio pero su oferta no estaba claramente definida y Gálvez sospechó que los ingleses repetirían sus acciones de la Mobila. Gálvez respondió a Chester:

"Your Excellency: I had the honor of receiving your letter of the 23rd of March, which Mr. Stephenson, a member of that Council, was to deliver to me. This did not take place since I was on board one of the

frigates; My sentiment is that he was made to withdraw before conferring with me. It seems to me that it is necessary to repeat this mission, if Your Excellency and I are to be in agreement on any matter, since in writing time is lost and progress is slow. Your Excellency's proposal is not admissible under the terms on paper and could perhaps be made acceptable by a verbal explanation which may remove from it that which is suspicious; since to your request that Pensacola be an asylum for women, children, the elderly and the ill could be added "so that the young and healthy can better assist in the defense of the fortifications." Excellency, I will no longer play a losing game by being trusting. The same British inhabitants who on their word and pledge achieved their freedom in Manchac, Baton Rouge and Natchez, con tributed to the defense of Mobile, and the same who on their own terms acquired freedom in Mobile, took up arms in the attack against it, and perhaps I will find them in the defense of Pensacola. If I were so deceived, there is not and there has not been and never will be good faith in them. They will be treated as men who are not bound by honor or pledge, and will suffer a punishment equal to theirs; reprisal will proceed with all severity. The sad scenes of which Mobile has been the setting will be repeated at my expense and they will mourn with respective desolation, just like the English, French and Spanish families have mourned. I have not received any response to the warning given not to destroy, burn or sink the ships belonging to the King as well as to individuals I issued it to General Campbell, I am repeating it to Your Excellency, and ask you to take into consideration that I am issuing it inside the bay while on board the frigate Clara anchored in Pensacola Bay. ~ .

P.S. If Mr. Stephenson is to return, he will direct himself to one of the war frigates, where I will be informed. ~ Bernardo de Gálvez"

La correspondencia entre estos individuos no cambió lo que era inevitable - el comienzo de las hostilidades. Las cartas sólo confirmaron la determinación de triunfar por parte de todos los que estaban al mando de esta operación militar que al final cambiaría el curso de la Historia independientemente de quien resultara triunfador.

Las tropas que llegaban de diferentes posiciones deberían reunirse en el territorio continental. La División de La Habana que vino a reforzar las tropas de la Mobila se trasladaron a Punta de Agüero, donde al desembarcar tomaron posiciones protegidas por el *Galveztown* y dos galeones.

El 23 de marzo, el convoy de Nueva Orleans con un total de mil seiscientos veintisiete hombres estaba en posición

Todas las tropas – la Mobila, La Habana, Nueva Orleans - sumaban un total aproximado de cuatro mil hombres todos bajo el mando de Gálvez. Finalmente ya podía prepararse para la toma de Panzacola, cumpliendo con las órdenes específicas del Rey que indicaron que no debía atacarse Panzacola con menos de cuatro mil hombres. Inmediatamente le informó de todas sus actividades al Gobernador de La Habana y le recordó que era necesario que se continuara la asistencia a la expedición.

Le escribió además a Pedro Piernas, Gobernador Interino de la Luisiana a quien dejó a cargo de todas las responsabilidades oficiales durante su ausencia y le recomendó los asuntos de los cuales era necesario que él se ocupara inclusive que asegurara que Don Francisco Cruzat "*economice en los gastos*".

El día 23 las tropas marcharon hacia el nuevo campamento situado en el este de la Laguna Sutton para comenzar las hostilidades contra de los tres fuertes que protegían Panzacola. El punto seleccionado por Ezpeleta y el Cabo Navas no fue el más acertado ya que los ingleses sospecharon que las tropas atacarían precisamente por ese lado y enviaron al Capitán Byrd con cien hombres y otros doscientos cincuenta indios que habían sido capturados y atacaron sorpresivamente las lanchas cuando éstas intentaban llegar a tierra firme y hubo que abandonar el desembarco.

Al día siguiente las tropas cambiaron de posición hacia el lado oeste de la Laguna Sutton; esta vez la posición fue seleccionada por Gálvez e inmediatamente ordenó el transporte de los buques mercantes con las provisiones y equipo militar. De nuevo fueron atacados y el campamento tuvo que atrincherarse y descargar algunos cañones para protegerse en caso de que hubiera otro ataque.

A principios de abril todos los esfuerzos se concentraron en el reconocimiento de los alrededores de Panzacola, incluyendo el Fuerte George y todas las áreas donde los ingleses hubieran establecido posiciones críticas de ofensiva.

Al mismo tiempo la marina se estaba preparando para la batalla El día 2 de abril, varios buques ingleses que intentaron escapar fueron atrapados y así la flota española tomó el control del mar.

El 12 de abril, se estableció el último campamento. Se instalaron varios cañones a la entrada de los caminos de acceso y poco después se escuchó el primer tiro procedente del Fuerte George. Esta fue la señal de que los ingleses estaban listos para luchar contra las tropas españolas.

Más tarde Gálvez recibió un informe indicando que las tropas inglesas estaban avanzando por tres lugares distintos.

En su afán de verificar la dirección exacta por cual se acercaban los ingleses decidió realizar el reconocimiento personalmente y resultó herido. A pesar que Gálvez tuvo que ser sometido a una operación de emergencia la batalla continuó como se había planeado.

De momento la situación se empeoró ya que una tormenta desplegó toda su fuerza sobre el campamento de tal manera, que muchas de las tiendas de campaña salieron volando y otras se hicieron pedazos al tiempo que las municiones quedaron completamente empapadas de modo que no se pudieron utilizar.

Las tropas se reorganizaron en cuando pasó la tormenta, pero acto seguido Gálvez recibió noticias inquietantes. El 19 de abril una escuadra enorme fue avistada camino de Panzacola. Los españoles creyeron que era una escuadra inglesa lo cual causó gran preocupación.

La razón por la cual se llegó a esta conclusión fue que un mensajero inglés había sido apresado unos días antes. El mismo llevaba una carta del General Campbell dirigida al Comandante de Barrancas Coloradas anunciando la próxima llegada de numerosos refuerzos al mando del Almirante Rowley. Los españoles con razón pensaron, que el escuadrón avistado era el que traía los refuerzos para Campbell.

Gálvez, aún no recuperado de sus lesiones, por primera vez pensó que era posible la derrota y quizás la pérdida de muchas de las vidas de los hombres bajo su mando. Las tropas se prepararon para lo peor.

Mientras aguardaban la verificación de la identidad de la escuadra que se acercaba, el oficial enviado al reconocimiento de la misma regresó con una gran noticia.

La enorme escuadra que se aproximaba a la Bahía de Panzacola venía procedente de La Habana bajo el mando del General José Solano, Teniente General de la Armada española. El Consejo en La Habana tomó la decisión de enviar esta importante ayuda después de deliberar cómo llegar a una decisión cumpliendo con dos instrucciones contradictorias recibidas de España

1. La Flota no debe moverse de La Habana hasta que se confirme que la flota francesa está en las Antillas Menores.
2. La Flota debe zarpar rumbo a España para llegar en abril

Francisco de Saavedra tomó una decisión la cual explicó al Consejo:

"Que se avisase al punto a la Corte que hasta el mes de julio o agosto no se esperase en España a la flota; que se tomara de ella el dinero necesario para los gastos, y que se enviase a Veracruz el navío y la fragata más veleros pidiendo al Virrey de México repusiese sin dilación la cantidad que se hubiese tomado; que el convoy se preparase inmediatamente y se hiciese a la vela para el Guarico al primer viento favorable; que saliese también el socorro de Guatemala, y que se auxiliase con víveres y aun alguna gente de la guarnición de La Habana a la expedición de Panzacola."

Esto se debió a que el Consejo recibió la noticia inesperada que 8 buques ingleses de línea y una fragata estaban en camino a Cabo San Antonio. Esto fue interpretado por los miembros como que seguramente estos eran los refuerzos destinados a Panzacola. Por tanto el

Consejo decidió inmediatamente enviar la flota de La Habana a Panzacola, con una tropa de mil seiscientos diecisiete hombres bajo el mando del Mariscal de Campo Juan Manuel de Cagigal. La flota estaría bajo el mando de uno de los miembros más importantes y competentes de la Armada española, José Solano.

Gracias a la rápida acción de Saavedra, el General francés Chavalier de Montiel se unió a la expedición con su escuadra. Esa noche ambos generales, Solano y Cagigal abordaron el buque *San Luis* y fueron acompañados por Francisco de Saavedra quien decidió unirse a la expedición.

Tres de los estrategas militares españoles más competentes de la época iban unidos hacia Panzacola.

La información se recibía con regularidad en relación a los movimientos de los ingleses y los preparativos de Solano cambiaban de acuerdo a los mismos. Para facilitar las comunicaciones entre los comandantes de buques, diseñó un sistema de señales:

Panzacola es nuestra	Bandera triangular blanca y roja
Enemigos en el puerto	Dos blanca y roja
Enemigos en las afueras del puerto	Amarilla y roja
Campamento enemigo al Este	Amarillo en cuadrado
Campamento enemigo al Oeste	Amarillo, Rojo con cuadrado blanco.

Al recibir la primera señal "*puerto es nuestro pero la toma de Panzacola no decisiva*", Solano ordenó que las banderas e insignias fueran izadas y que varios cañones fueran disparados para transmitir esta noticia tan importante a los otros buques de la escuadra.

La situación cambió una hora más tarde, cuando el *Andromaque* comunicó que había tocado fondo. El buque estaba situado al sur de la Isla de Santa Rosa, en aguas poco profundas.

Las dificultades más problemáticas para la navegación en esta zona del Golfo eran las aguas poco profundas y los huracanes. Los españoles, así como navegantes de otras naciones, habían enfrentado ambas situaciones repetidamente pero habían logrado sobrevivirlas o evitarlas. Ahora los españoles en sus intentos de capturar Panzacola se encontraban una vez más frente a estas dificultades.

La escuadra continuó avanzando hacia el punto oeste de la Isla de Santa Rosa. Más tarde Solano recibió un mensaje del teniente de fragata Sapiain indicando que *",,, el puerto es nuestro... pero el enemigo todavía en posesión de las fortificaciones de Panzacola y el Fuerte de Barrancas Coloradas..."*

Sin embargo, los refuerzos que llegaron al mando de Cagigal permitieron a Gálvez apresurar los preparativos y comenzó el ataque.

Solano inmediatamente dio tres órdenes. La escuadra deberá anclar; las tropas estarán listas para desembarcar; los buques deberán navegar hacia la bahía y proceder a Punta de Sigüenzas.

Después que los refuerzos de Solano se sumaron a la expedición, el número total de tropas, sumaron un total de siete mil quinientos hombres. Cuando estaban preparando el ataque llegó un mensaje del comandante de la flota francesa, General de Montiel, pidiendo con exigencia que se le permitiera atacar el Fuerte George con el *Triton,* el buque de guerra de su escuadra que llevaba 60 cañones y era de poco calado.

Gálvez inmediatamente consultó con Cagigal y los otros comandantes solicitando sus opiniones respecto a esta petición. Todos acordaron aceptar la oferta de Montiel y Gálvez respondió.

Du Camp de Panzacola, 22 Avril 1781

" Mon cher Général: que ce soit vous que ce soit moi, comme ii soit la maison de Bourbon qui batte et les Anglais les battus tout m'est égal; en consequence de ça nous allons faire les preuves et si les canons de 24 de mes carcasières peuvent atteindre au fort Jorge des l'endroit oü le Triton peut mouiller; alors je vous avertirai, vous entrerez, vous battrez, je le verrai, et je serai content, car la gloire est comune quand la cause en est. Je voudrais vous écrire de ma main, mais ma blessure ne le permet pas. Agréez mon cher Général ma bonne volonté et disposez en tout de Votre très humble serviteur et votre sincere ami

Bernardo de Gálvez"

(Traducción Martha G. Steinkamp)
Campamento de Panzacola 22 de abril de 1781

Mi querido General: No importa que sea usted, que sea yo o la Casa Borbónica quien venza y los ingleses los vencidos como consecuencia de esto debemos demostrarles y si los cañones de 24 de mi arsenal pueden alcanzar al fuerte George desde el lugar donde está anclado el Triton, entonces le aviso que usted puede penetrar, usted vencerá, yo observaré y estaré feliz, pues la gloria es común cuando la causa también lo es. Desearía escribir de mi puño y letra pero mi herida todavía no me lo permite. Aprobado mi General, mi buena voluntad y siempre a su disposición, Su humilde servidor y sincero amigo, Bernardo de Gálvez

El día 24 cuando ya el ataque estaba en plena acción, la respuesta es inmediata debido al fuego muy próximo al bergantín que ataca. Esto convence a Cagigal que la artillería enemiga está cerca y se decide que la flota francesa no debe atacar.

Durante la primera semana de mayo, la flota española ancló en la bahía y los buques que quedaron cerca de la costa sufrieron las inclemencias del tiempo de acuerdo al diario de Solano. Esta fue la segunda vez que el tiempo inclemente del Golfo de México impartió daños al campamento y a las tropas que desembarcaban.

El 6 de mayo los españoles estaban atrincherados en el lado izquierdo del fuerte y añadieron cañones con el propósito de protegerse en caso de otros ataques.

El General Campbell recibió información detallada respecto a estos preparativos y pensó que dadas las circunstancias probablemente no podría defender sus posiciones debido al fuego continuo que destruiría el Fuerte de la Reina.

El día 7 de mayo, Campbell escribió a Sir Henry Clinton, comandante en jefe de las fuerzas inglesas en América con detalles de las dificultades actuales ya que Gálvez se acercaba rápidamente. Así concluye su carta:

"... *To conclude, My Lord, our fate appears inevitable. We are attacked by an armament that shows the importance of the conquest in the estimation of Spain. We have, not-withstanding your Lordship's repeated instruction to attend to the safety of Pensacola, been neglected by Jamaica - and the prospect, nay even the hope of relief is now vanished. I shall however preserve this place to His Majesty, while I shall think resistance justifiable, and of any profitable advantage to the King's interest. I apprehend My Lord, my next will be the unpleasant and disagreeable task of reporting the triumph of Spain, and their acquisition of a province under their dominion. I only comfort myself with the hope that my endeavors and those of the garrison under my command for its defense will be acceptable to His Majesty.*

I am... John Campbell"

Al mismo tiempo Gálvez informó a Saavedra que estaban escasos de municiones especialmente de calibre 24 que era la más utilizada. Para empeorar la situación el estado del tiempo hizo necesario que la flota navegara más hacia afuera de modo que no había posibilidad de asistencia adicional en esos momentos.

Aunque la escuadra francesa estaba cerca, de todos modos su asistencia no tendría grandes beneficios ya que sólo llevaban artillería pesada de calibre 36. Gálvez decidió atacar por sorpresa, con los soldados escalando las paredes del fuerte, dio órdenes firmes a las tropas prohibiendo la retirada y amenazando con ejecutar a cualquier soldado que lo intentara.

El intercambio de fuego continuó y las tropas bajo el mando de Ezqueleta y Girón a pesar de estar exhaustas, debilitadas por la humedad y el calor insoportable, sin embargo sienten un cierto orgullo sabiendo que son ellos los que al final decidirán el curso que tome la situación. Sabían que la victoria estaba cerca y lucharán hasta lograrla.

Según continuaron avanzando, las tropas españolas escucharon el cese del fuego enemigo y observaron la bandera blanca izada en el Fuerte George. Las tropas españolas habían triunfado.

La buena noticia fue enviada a Gálvez en un breve comunicado escrito por el sargento mayor de la trinchera, Casimiro Bofarull.

El General Campbell entendió que el momento había llegado para cesar el fuego. Antes de izar la bandera blanca envió esta carta a Gálvez:

*" Sir:
In order to prevent further bloodshed, I propose, Your Excellency, a cessation of Hostilities until tomorrow at noon, at which time Articles of Capitulation shall be considered and prepared. Provided Your Excellency is disposed to accede to terms honorable to the troops under my command and such may benefit safety, security, and protection to the inhabitants, I have the honor of being Your Excellency's most obedient and humble servant John Campbell"*

Gálvez se reunió con el oficial que le trajo la carta y le informó que no accedería a la petición de Campbell. Le exigió cordialmente que las conversaciones comenzaran inmediatamente para definir los términos de la capitulación.

Al mediodía del 10 de mayo de1781 se firmó el acuerdo de capitulación.

Bernardo de Gálvez y la Real Armada lograron la conquista de Panzacola y así España adquirió el este y oeste de la Florida en el tratado de paz.

Las fronteras españolas en la América del Norte se habían convertido en transcontinentales. El Rey nombró a Gálvez Virrey de la Nueva España. Además le otorgó la Orden Real que en reconocimiento a la acción unilateral de Gálvez estipulaba que podría añadir a su escudo de familia la inscripción "Yo Solo" ("I Alone").

Durante el tiempo que fue virrey de Nueva España, Gálvez comisionó a José de Evia para que realizara un estudio de la topografía del Golfo de México desde la costa de Texas hasta Nueva Orleans. El 23 de Julio de 1786 de

Evia trazó en un diagrama la topografía de un área cerca de la desembocadura del río Misisipi y la llamó Bahía de Gálvezton. La isla y ciudad adyacente más tarde tomaron el mismo nombre. Desafortunadamente, Gálvez no llegó a visitar el área ya que murió ese mismo año. (Galvezton.com: Galveston, Texas History)

José Solano y Bote más tarde fue condecorado por el Rey Carlos III con el título de Marqués del Socorro por su asistencia a Gálvez. Un óleo, que se encuentra en el Museo Naval de Madrid, presenta a Solano con la bahía de Santa Rosa como fondo en representación de su hazaña.

La bandera inglesa capturada se encuentra en exhibición en el nuevo Museo del Ejército en Toledo.
George Washington to Francisco Rendón, June 21, 1781

George Washington Papers, Library of Congress 1749-1799. The Writings of George Washington from the Original Manuscript Sources, 1745-1799. John C. Fitzpatrick, Editor

Head Quarters, New Windsor, June 21, 1781.

Sir: I with the greatest pleasure congratulate you on the success of His Catholic Majesty's Arms at Panzacola, and I have no doubt but a recital of the particulars will reflect much honor upon General Don Galvez and the troops under his command. No material movements on the part of the enemy having taken place in this quarter since my last I have no communications of any importance to make to you. I beg you to be assured that I am etc

(Note: The draft is in the writing of Tench Tilghman,officer of the Continental Army and aide de camp to George Washington.)

(Traducción del texto anterior –Martha G. Steinkamp)

George Washington a Francisco Rendon, June 21, 1781

Señor: Le felicito con el mayor placer por el éxito de las tropas de su Majestad Católica en Panzancola, y no me cabe duda que mencionar los detalles reflejan con honores al General Don Gálvez y las tropas bajo su mando. No ha habido movimiento alguno por parte del enemigo de modo que no tengo noticias de importancia que comunicarle. Le ruego tenga la certeza que estoy, etc....

(Nota: El borrador está escrito por Tench Tilghman, oficial del Ejército Continental y edecán de George Washington)

Bibliografía

Gálvez, Bernardo (1781). Diario de las operaciones de la expedicion contra la Plaza de Panzacola concluida por las Armas de S. M. Católica, baxo las órdenes del mariscal de campo. Mexico. Copia cortesía Professor Francisco Fernández-González, Gabinete de Historia de la Ciencia y la Tecnología Navales ETSI Navales-UPM R36-6.

Alsina Torrente, Juan *(2006) "Una Guerra Romántica 1778-1783, España, Francia e Inglaterra en la mar" Ministerio de Defensa, Instituto de Historia y Cultura Naval, Madrid, España.ISBN 84-9781-268-*

Reparaz, Carmen (1986*). Yo Solo : Bernardo de Gálvez y la toma de Panacola en 1781. Barcelona: Ediciones del Serval S.A.. ISBN 84-7628-012-2. "I Alone" English Translation by Walter Rubin Professor Emeritus University of Houston*

Martín-Merás, Luisa *(2007). "The Capture of Pensacola through Maps, 1781" in Legacy: Spain and the United States in the Age of Independence, 1763-1848. Washington, DC: Smithsonian Institution. ISBN 978-84-95146-36-6.*

Caughey, John Walton , *Bernardo de Gálvez in Louisiana, 1776–1783 (Berkeley: University of California Press, 1934; rpt., Gretna, Louisiana: Pelican Press, 1972).*

Koker, Hubert L. *Spanish Governor Bernardo de Gálvez Salvaged the Gulf Coast for the Future Caughey, John Walton , Bernardo de Gálvez in*

Louisiana, 1776–1783 (Berkeley: University of California Press, 1934; rpt., Gretna, Louisiana: Pelican Press, 1972).

Thonhoff, Robert H. *The Texas Connection with the American Revolution (Burnet, Texas: Eakin Press, 1981).*

Texas State Historical Association Handbook of Texas Online - Consulted November 2012

Macharaviaya.es Ayuntamiento de Macharaviaya

≈≈≈

YORKTOWN septiembre 26 - octubre 19, 1781

Yorktown está reconocida como la batalla que tuvo el impacto definitivo en la guerra.

Es de conocimiento general que los franceses – tanto el ejército como la marina, ésta bajo el mando del Almirante de Grasse – junto con las tropas de George Washington derrotaron a los ingleses.

Además es conocido que no hubo tropas españolas ni buques españoles formando parte de las tropas o la escuadra francesa.

Por lo tanto, en general se cree erróneamente, que España no tuvo participación alguna en la batalla de Yorktown.

Este es un error que ha permanecido sin impugnar a través de siglos, al igual que lo ha sido la enorme contribución de España y de su Armada a esta guerra.

Indiscutiblemente para Francia esta fue una guerra de un costo extraordinario. Manteniendo sus tropas lejos de casa presentaba una situación anteriormente desconocida para los franceses, quienes en conflictos pasados más próximos a Francia, las tropas podían abastecerse de equipos, comida y a veces hasta refugiarse en el área cercana a las batallas.

Pero esta situación era diferente. Los residentes de las áreas que recorrían los soldados eran neutrales y por tanto no querían identificarse con ningunas tropas.

La importancia de la entrada de España en la guerra es de beneficio doble. Primero, la Real Armada española, una de las más poderosas de la época, al unirse a la francesa creó una superioridad numérica extraordinaria.

Segundo, la infusión constante de fondos con que España contribuyó – a veces procedentes de México otras de Cuba – unos en forma de préstamos, otros en forma de subvención, contribuyeron al sostenimiento de las tropas francesas en América.

Esto fue lo que sucedió en Yorktown.

A su llegada a la Habana procedente de Panzacola, Francisco Saavedra fue enviado al Cap Français para colaborar con de Grasse y planificar la estrategia mediante la cual Francia y España unidas, atacarían Jamaica, la joya más preciada de las posesiones inglesas.

Gálvez era el comandante de todas las tropas en el Caribe incluyendo las tropas francesas, y sabía que los dos países tenían que colaborar íntimamente para tener éxito.

De Grasse que se encontraba en Grenada (isla del Caribe) informó a Cagigal que estaba en conocimiento del ataque conjunto a Jamaica.

Saavedra llegó a Cap FrançaIs para formular la estrategia y se reunió con deGrasse, quien había llegado con 26 buques de línea de loscuales 14 estaban forrados de cobre.

Saavedra se reunió con los oficiales franceses y pasó revista a las tropas españolas que habían sido enviadas a Cap Français en calidad de préstamo.

Monteil que conocía a Saavedra desde su estancia en Panzacola, le llevó a encontrarse con de Grasse tan pronto como llegó su flota. La reunión tuvo lugar en el buque de de Grasse, Ville de Paris. En cuanto compararon sus respectivas instrucciones, llegaron a la misma conclusión.

Al parecer se les presentaba una oportunidad que no podían desaprovechar ya que venía a encajar perfectamente en la estrategia de ambos países. Sin embargo, la oportunidad se presentó mucho antes de lo que esperaban.

El Almirante de Grasse recibió información indicando que mientras la marina francesa se encontraba ocupada en varios asuntos el General Lord Cornwallis, había ocupado Yorktown en la Bahía de Chesapeake en Virginia y después se movilizó hacia el sur de acuerdo a la estrategia británica de concentrar sus fuerzas en las colonias del sur al mismo tiempo que conservaban Nueva York.

Es así como la oportunidad deseada por los aliados se hizo realidad. Inglaterra había extendido sus recursos para proteger sus posesiones de manera tal que ya no resultaba efectiva la estrategia planeada.

Sin embargo esta era la estrategia que Inglaterra había planeado cuidadosamente temiendo la colaboración tan íntima de los aliados.

A fines de julio ya Saavedra y de Grasse habían finalizado la estrategia de la campaña.

Mientras tanto Inglaterra estaba distraída por otros problemas. La preocupación de Gibraltar hizo que ignorara completamente lo que estaba sucediendo en el Caribe, donde España estaba movilizando recursos en colaboración con los franceses.

Por el momento España y Francia decidieron mantener la sospecha de Inglaterra con respecto a una posible invasión por parte de los aliados. La presencia de una flota de 66 buques de línea que podían atacar sus costas en cualquier momento, mantenía a los ingleses en constante zozobra tratando de decidir si tenían suficientes tropas y recursos para defender su propio país.

El resultado de todos estos acontecimientos fue que Inglaterra decidió no enviar refuerzos a las tropas inglesas en las colonias americanas. Esta fue una decisión desafortunada ya que estos eran los momentos en que los refuerzos hubieran sido más necesarios, cuando Cornwallis ocupaba Yorktown.

La ocupación de Yorktown por Cornwallis creó para los aliados, la oportunidad que sobrepasó en importancia a los planes de atacar a Jamaica.

Saavedra y deGrasse acordaron que éste podría ser el momento más decisivo e impactante de toda la guerra. Mientras aguardaban la aprobación de su plan por sus respectivos gobiernos, ambos decidieron que no era prudente continuar una larga espera y asumiendo que sus planes serían aprobados tomaron acción inmediata.

Bernardo de Gálvez, como comandante de todas las tropas en el Caribe incluyendo las tropas francesas, comunicó a éstas a través de Saavedra, que abandonaran inmediatamente sus responsabilidades en el Caribe y navegaran hacia el norte con órdenes de bloquear el puerto de Yorktown. Además ordenó que la flota debería transferir un total de cinco mil soldados franceses para asistir en el ataque.

Mientras tanto la Real Armada, bajo el mando de Solano quedaría protegiendo las posesiones francesas en el Caribe.

De momento surge un problema inesperado. ¿Cómo financiar una operación tan compleja?

Saavedra se encontró frente a una situación de emergencia ya que se necesitaba recaudar un mínimo de 500,000 pesos para ejecutar los planes.

El 28 de mayo, Rochambeau envió a de Grasse en Cap Français una petición urgente. La misma urgía que viajara hacia el norte con destino a Chesapeake Bay con un mínimo de 25 buques de guerra y tres mil soldados, insistiendo con gran énfasis que era igualmente importante y necesario para proceder, un mínimo de 1,200,000 libras.

En su carta Rochambeau indicó que las tropas francesas bajo el mando de Washington sólo contaban con recursos para mantenerse hasta la primera parte de agosto y que las fuerzas americanas estaban aún en peor situación económica ya que no se les había pagado desde que se alistaron.

La carta de Rochambeau explica la situaciòn:

"... *existen dos puntos para atacar al enemigo: Chesapeake y Nueva York. Usted probablemente prefiere la bahía de Chesapeake y estimo que es ahí donde puede prestar el mayor servicio*"
(Fragmento traducido de texto orignal en inglés – Martha G. Steinkamp)

Además pidió a de Grasse que para las tropas poder enfrentarse a los ingleses él necesitaba traer el número de soldados y buques mencionados, ya que las tropas francesas y americanas unidas en esos momentos, sólo sumaban doce mil soldados. De modo que **si de Grasse podía traer cinco o seis mil soldados más y un millón de libras, que se necesitaban con igual urgencia**, él (de Grasse) brindaría una valiosa asistencia. (Rochambeau a de Grasse, May 28 and 31, June 6, 1781; Doniol v, 475.)

Unos días más tarde Rochambeau de nuevo escribió a de Grasse recalcando la urgencia de recibir lo más pronto posible la ayuda solicitada, particularmente el dinero. Explicó con detalle que la situación era apremiante ya que las condiciones en que se encontraban las tropas era realmente lamentable. Indicó que era absolutamente necesario el apoyo por lo menos de cuatro o cinco mil de sus buques los que le proporcionaría superioridad naval. "**Pero debo insistir en la importancia de recibir *más* soldados y dinero**" ... (Rochambeau a de Grasse, junio 11, 1781; Doniol, v, 489.)

Saavedra fue informado que los franceses no habían podido recaudar los fondos. de Grasse solicitó fondos privados en calidad de préstamos a comerciantes franceses. Inclusive distribuyó panfletos por las calles pidiendo los fondos a cambio de Vales del Tesoro redimibles en la Tesorería de París a un interés más alto que el vigente. Esta gestión produjo pocos resultados..

De Puerto Rico y Santo Domingo llegaron 100,000 pesos, pero esto tampoco resolvía el problema.

Como el tiempo apremiaba, Saavedra decidió proponerle a de Grasse que tomara todos los buques de línea franceses y el dinero disponible en esos momentos y dejara la flota española protegiendo Cap Français. deGrasse aceptó.

Simultáneamente Saavedra tomó una fragata con destino a La Habana, con idea de obtener el resto del dinero y entregarlo directamente al Almirante francés en un punto acordado en la latitud de Matanzas.

Saavedra no tenía idea para conseguir el dinero, pero sabía que había que agotar todas las posibilidades antes que no hacer nada, y a pesar de que ya comenzaba la temporada de huracanes cuando la navegación se hacía más peligrosa decidió zarpar.

De Grasse inmediatamente informó a Rochambeau y a Washington de sus planes de navegar hacia el norte. Washington tenía conocimiento de la toma de Yorktown por Cornwallis, pero también conocía que éste no había decidido si marchar hacia Nueva York ó hacia el sur.

Saavedra y deGrasse embarcaron en direcciones opuestas pero con la misma determinación de lograr el objetivo - derrotar a los ingleses en Yorktown.

Diez días más tarde Saavedra llegó a la Habana donde se le informó que José de Gálvez (Ministro del Consejo de Indias) había enviado barcos con destino a Veracruz para recoger el dinero de las minas de plata pero los barcos aun no habían regresado.

Saavedra estaba consciente de que sin el dinero de Grasse no podría hacer nada pues la falta de recursos afectaría la flota y la operación planeada. Decidió compartir el problema con el intendente quien inmediatamente informó a los ciudadanos de la emergencia.

Para gran sorpresa de Saavedra en unas pocas horas se recaudaron los quinientos mil pesos que fueron enviados en una fragata sin pérdida de tiempo.

La suerte continuaba favoreciendo a los aliados. De Grasse envió un comunicado indicando que la flota seguía navegando hacia el norte sin problemas.

Al mismo tiempo la fragata con Bernardo de Gálvez a bordo aprobando todos los pasos de la misión, llegó al puerto con el dinero para de Grasse.

Cinco días más tarde un buque francés llegó a La Habana para recoger la cantidad solicitada originalmente de un millón de pesos procedentes de México. Gálvez, Saavedra y los demás oficiales españoles decidieron no perder tiempo en discutir el asunto de los otros fondos ya entregados a de Grasse y le enviaron el total del millón de pesos.

La orden de proveer los fondos vino directamente de José de Gálvez (Ministro de Indias) en una carta al virrey de

México Martin de Mayorga. Fechada 17 de marzo de 1781. *"Por orden de esta fecha notifico al intendente de La Habana en el mes de julio y septiembre que debe entregar por partes iguales fondos del Tesoro por la cantidad de un millón de pesos, a los comandantes franceses quienes vendrán a recogerlos... que no debe demorarse esta operación pues el Rey ordena que se envie esta cantidad inmediatamente y que la corte francesa podrá pagar esta cantidad en Cádiz"*... (AGN Archivo General de la Nación, (Red de Archivos Históricos de la Nación, Mexico, DF., Mexico), volumen 120, expediente 82, folio 124);. (Glascock, New Spain and the War for America. p.174)

El día 3 de septiembre Miralles, el enviado español que se encontraba en Filadelfia envió un mensaje a La Habana indicando que de Grasse había llegado sin problemas a la bahía de Chesapeake el 26 de agosto, organizó el bloqueo del puerto y entregó a Rochambeau las cinco mil tropas solicitadas.

Cuando Cornwallis observó que las tropas de Washington y Rochambeau se estaban acercando se dio cuenta que era imposible continuar la lucha y que tendría que rendirse.

Al analizar los detalles de la batalla de Yorktown, no cabe duda de que la participación de España constituyó el factor decisivo.

Desde el comienzo, la estrategia de Saavedra y la rapidez con que éste la puso en marcha con la aprobación de Gálvez, además del dinero enviado de México y Cuba que España proporcionó para sufragar todos los gastos de la batalla, indiscutiblemente hicieron posible la victoria.

El propio de Grasse afirmó que la victoria de Yorktown sólo fue posible gracias a los fondos procedentes de La Habana.

(Nota: en el 1781, 1 dollar equivalía a 1 peso fuerte de modo que 1 millón de pesos tendría actualmente un valor aproximado de un millones de dólares) .

Mucho se ha discutido con respecto a la contribución de los cubanos a esta batalla, inclusive historias románticas relatan que las damas cubanas entregaron o vendieron sus joyas para financiar la campaña.

Hasta la fecha sólo la investigación de documentos efectuada por Thomas E. Chávez y publicada en su libro "*Spain and the Independence of the United State. An Intrinsic Gift", University of New Mexico Press, Albuquerque,* presenta información auténtica y verificada, detallando los nombres de los contribuyentes y cantidades aportadas. .

La fuente de información investigada por Chávez está citada en su libro y copiada a continuación con su autorización:

AGI, SD, 1849, cop. 191. Caja Cuenta de 1781. Ignacio Peñalver y Cárdenas, Havana, l0 June, 1782. Notes: a) Paymaster, Regiment of Guadalajara . b) Paymaster Infantry Regiment of Havana. c) Paymaster Regiment of Ybernia..d) Paymaster Regiment of Soria. E) Festonia? f) Marquesa de Cárdenas. G) Paid to Andrés Fernero.

Note: The Exchequer turned over to the French 4,000,000 reales (500,000 pesos) Military units loaned approximately one sixth of the total and the treasury secured one fourth of the total at no inter no interest. {Traducción: El Tesorero entregó a los franceses 4,000,000 reales (500,000 pesos); las unidades militares prestaron aproximadamente un sexto del total y la Tesorería prestó un cuarto del total sin interés]

Bibliografía

Chávez, Thomas E. " *Spain and the Independence of the United States. An Intrinsic Gift", University of New Mexico Press, Albuquerque.*

Alsina Torrente, Juan, "*Una Guerra Romántica 1778-1783 España, Francia e Inglaterra en la mar". Ministerio de Defensa, Instituto de Historia y Cultura Naval, Madrid, España 2006*

CAPÍTULO 8

Asistencia económica
Préstamos, Subsidios y Regalos

Las trece colonias dependían de las potencias europeas para sufragar los gastos ocasionados por la guerra. Al comienzo, la asistencia fue proporcionada por Francia y España y más tarde Holanda se unió a éstos.

Una vez que se logró la independencia, los miembros del Congreso Continental se vieron precisados a resolver el gran problema que confrontaba el país emergente. Una enorme deuda.

George Washington abordó el tema en varias ocasiones y mantuvo informado al Congreso de los pasos que se tomaban para resolver la situación.

En uno de sus reportes hacía referencia a los banqueros de España en Amsterdam donde se habían depositado fondos para cumplir con algunas de las obligaciones fiscales. Holanda fue el centro de muchas de las operaciones financieras llevadas a cabo con Francia y España durante la guerra por parte de las colonias.

En su correspondencia al Congreso, Washington informó a los miembros del Senado y la Cámara de Representantes no sólo de los pasos tomados para saldar las deudas sino también insistió en la necesidad de resolver este asunto de modo que no se perjudicara el crédito de la nación.
The Writings of George Washington from the Original Manuscript Sources, 1745-1799. John C. Fitzpatrick, Editor.

United States, March 9, 1792.
Gentlemen of the Senate, and of the House of Representatives: I now lay before you a general Account rendered by the Bankers of the United

States at Amsterdam of the payments they had made between the 1st of July 1790 and 1791 from the funds deposited in their hands for the purposes of the Act providing the means of intercourse between the United States and foreign nations, and of the balance remaining in their hands; together with a letter from the Secretary of State on the subject.

"Letter Book" copy in the *Washington Papers*. A press copy of the letter of the Secretary of State (March 7) and of the account mentioned is in the *Jefferson Papers* in the Library of Congress.]

De nuevo George W. se dirigió al Congreso en noviembre 5, 1792 informándole con detalle de los préstamos obtenidos y el bajo interés a pagar de 4 ½% haciendo referencia a que la razón por la cual estos se obtienen se basa en el buen crédito del país.

... *It is proper likewise to inform you, that since my last communication on the subject, and in further execution of the Acts severally making provision for the public debt, and for the reduction thereof, three new loans have been effected, each for three millions of Florins. One at Antwerp, at the annual interest of four and one half per Cent, with an Allowance of four per Cent in lieu of all charges; and the other two at Amsterdam, at the annual interest of four per Cent, with an allowance of five and one half per Cent in one case, and of five per Cent in the other in lieu of all charges. The rates of these loans, and the circumstances under which they have been made, are confirmations of the high state of our Credit abroad...*"

El día 3 de diciembre de 1793 durante el discurso pronunciado en Filadelfia con motivo de su segunda inauguración como Presidente, George Washington de nuevo hizo hincapié en la importancia de saldar la deuda. Este nuevo llamado surgió con motivo de que un plazo de un millón de florines estaba por caducar ya que hubo que extender el pago anterior y el nuevo préstamo llevaba un interés del 5% además que la comisión por esta transacción era de 3%.

También informó que el primer plazo de otro préstamo del Banco de los Estados Unidos por la cantidad de dos millones de dólares había sido pagado a tiempo y que era necesario que se cumpliera a tiempo con el pago del segundo plazo. Concluyó diciendo que no había asunto de más urgencia que liquidar la deuda pública.

Filadelfia, 3 diciembre 1793 discurso pronunciado durante la segunda investidura:

Note: At 12 o'clock the President, attended by the Secretaries of State, Treasury, and War, and the Attorney General proceeded to the Senate Chamber, where both Houses of Congress had assembled and there delivered this address.)

...On the first day of June last, an instalment of one million of florins became payable on the loans of the United States in Holland. This was adjusted by a prolongation of the period of reimbursement, in nature of a new loan, at an interest at five per cent for the term of ten years; and the expences of this operation were a commission of three pr Cent.

The first instalment of the loan of two millions of dollars from the Bank of the United States, has been paid, as was directed by Law. For the second, it is necessary, that provision should be made.

No pecuniary consideration is more urgent, than the regular redemption and discharge of the public debt: on none can delay be more injurious, or an oeconomy of time more valuable".

En 1794, Washington indicó que los recursos pecuniarios se habían desarrollado de tal manera que ya era posible hacer planes definitivos para liquidar la deuda pública "la *cual no debe ser constantemente aplazada ya que esto no derivaba beneficio alguno.*"

United States, November 19, 1794.

"Gentlemen of the House of Representatives: The time, which has elapsed, since the commencement of our fiscal measures, has developed our pecuniary resources, so as to open a way for a definitive plan for the redemption of the public debt.... Indeed whatsoever is unfinished of our system of public credit, cannot be benefited by procrastination... An estimate of the necessary appropriations, including the expenditures into which we have been driven by the insurrection, will be submitted to Congress..."

Historiadores e investigadores han dedicado tiempo y recursos en su afán de determinar la cantidad específica de préstamos, subsidios o regalos que Estados Unidos recibió de las potencias europeas particularmente de España.

La dificultad que existe en llegar a una cantidad correcta con equivalencia a términos actuales, se debe a la variedad de recursos, transacciones, ircunstancias bajo las cuales se tramitaron y las diferentes monedas en circulación en las naciones participantes y la tasa de cambio de las mismas.

Nuestra investigación está enfocada solamente en los fondos que se recibieron de España, a veces clandestinamente enviados a través de otros países.

≈≈≈

Pagando la deuda extranjera – ¿cuánto se paga y a quien?

En los Diarios del Congreso Continental se hace constar que cuando Alexander Hamilton fue nombrado Secretario del Tesoro en 1789, el primer asunto de importancia para él fue el pago de las deudas extranjeras.

También encontramos una declaración indicando que ya en el 1795 todas las deudas extranjeras habían sido pagadas.

Sin embargo en otras fuentes se anota que Hamilton solicitó fondos en Holanda en calidad de préstamos para saldar la deuda con España. Esto crea confusión. ¿Se crea una deuda extranjera para saldar otra deuda extranjera?

Thomas K. McCraw escribió en el New York Times poco antes de fallecer un artículo basado en su libro *Founders and Finance: How Hamilton, Gallatin, and Other Immigrants Forged a New Economy,* donde explica detalles del pago de la deuda y los problemas que esto trae consigo.

"It was a daunting task. The face value of federal and state debts was about $74 million, including $12 million owed to Dutch banks. Federal income for 1790 amounted to just $1.6 million — a debt-to-income ratio of 46 to 1. (Today that same ratio is about 6.5 to 1.)

Hamilton first paid off the foreign debt by rolling it over through new loans from abroad. Determined to establish the nation's creditworthiness and avoid default, he then consolidated the remaining debts at their par, or face, value, which was higher than their market value — a move opposed by Thomas Jefferson and James Madison, who said it would reward speculators

By 1794, four years after his plan (Hamilton's) went into effect, the federal debt had increased a bit, but revenues had risen more than threefold. The debt-to-income ratio had shrunk to 15 to 1 from 46 to 1; by 1800, it was 8 to 1."

Thomas K. McCraw fue profesor emérito de Harvard Business School y autor de "The *Founders and Finance: How Hamilton, Gallatin, and Other Immigrants Forged a New Economy."* McCraw murió en Noviembre. 3- New York Times, Op-Ed November 2012

El tema se vuelve más complejo por el simple hecho de que las monedas que circulaban en las tres naciones aliadas eran diferentes en nomenclatura y cuyo valor fluctuaba de acuerdo a las circunstancias o por decisión de un nuevo gobernante. Por ejemplo, libras tornesas, peso fuerte, real de vellón, florín, doblones.

≈≈≈

Tesoro Real de España

La tarea de investigación relativa a la asistencia económica resulta aún más difícil al encontrar cartas y facturas fechadas en 1775 que establecen que España contribuyó de forma clandestina directamente del Tesoro Real o de sus posesiones de ultramar, grandes cantidades de dinero.

Esto se llevaba a cabo a través de intermediarios como la compañía de Bilbao, *Gardoqui e Hijo* o de alguna otro forma secreta siempre registrados en el Tesoro Real bajo el título "*gastos por Servicios Reales*" sin información detallada.

España suministró préstamos a pagar con diferentes tasas de interés. Además de acuerdo a la correspondencia disponible aparece que otros fondos fueron dados en calidad de subsidios o en forma de canje por productos, especialmente tabaco. En esta época el tabaco se utilizaba frecuentemente como "moneda de cambio", al equivalente de un quintal y medio de tabaco por un quintal de hierro. (*Quintal es una medida de peso en el sistema métrico*

–la equivalencia actual en el sistema inglés vigente en Estados Unidos sería aproximadamente de un quintal por 107.9 libras).

Más tarde en correspondencia de 18 de marzo de 1777 Arthur Lee describió la ruta a seguir para le entrega del tabaco, indicando que el tabaco estaba prohibido en Bilbao pero se podía entregar en el puerto de San Sebastián a solo cuarenta leguas de distancia "... tobacco is prohibited {in Bilbao}, but it may be landed at the port of St Sebastian, some fourteen leagues distant...Arthur Lee"

Otros fondos llegaron a las colonias en calidad de préstamos procedentes de las posesiones de España en ultramar con la autorización expresa de la Corona.

Este fue el caso de los fondos recaudados en La Habana para sufragar el pago de las tropas y otros gastos de la batalla de Yorktown por un total de 4,500,000 reales.
El interés a pagar varió de acuerdo a los individuos que hicieron los préstamos e incluyó una cantidad de 80,000 reales sin interés de Doña Bárbara Santa Cruz [véase el Apéndice 2 , Archivos públicos La Habana, Cuba cortesía Thomas E. Chávez]

Otro aspecto de la asistencia recibida de España se refiere a los gastos incurridos por la Real Armada durante su participación en los conflictos navales que al final cambiaron la dinámica de la guerra y el curso de la Historia.

Los gastos incurridos por la Armada dependían del tipo de buque. Se estima que los gastos de mantenimiento y reparación de cada buque oscilaba entre 2,000,000 reales y 6,500,000 reales.

≈≈≈

Diego de Gardoqui

Desde el año 1775 España estaba proporcionando ayuda a las colonias como queda evidente en la carta de Diego de Gardoqui redactada en inglés a Jeremiah Lee donde detalló los armamentos y otros suministros que se enviaron. Además comentaba que con respecto a la pólvora debía ordenarla con anticipación pues era difícil conseguirla ya que sólo era producida para uso del Gobierno. Explicaba además que si se presentaban problemas de embarque siempre se podían enviar a través de Holanda, pero que sobre todo había que tener cautela y llevar a cabo todas las operaciones en secreto. [Secret Diplomatic Correspondence/Correspondencia Diplomática Secreta]

FEBRUARY 15 Feb. 1775

JOSEPH GARDOQUI & SONS TO JEREMIAH LEE

Dearest Sir-

Bilbao 15th Feby 1775

~ As soon as your much esteemed favour 16th Decr came to hand, we began to consider about the method of complying with your orders, in case of your further

desire, & Altho2 of a very difficulty nature, we were determind at all events to assist you accordingly, we found out means to procure as many Musketts & pistoIs as were ready made on the parts for the Kings Army, the quantity was but small having only 300 Muskets & Bayonetts, & about double the number of Pair of Pistols ready, but we should have done our utmost to get as many more was to be found in order to serve you, & shall whenever you shou'd command; but must observe to you that such an Order ought to come some Months before, for all Arms on this side are made on the King's Account, & it is a rareity to find them ready made, besides which they must be got, with a good deal of Caution & Ship on the very same manner; as to secrecy you

may depend it is as much our interest as any ones as the English Embassader will look sharp in every port, & we are upon very good footing with my Lord Granthem2 Should be very Sorry he should know it.
... The Powder is an Article which we cannot ship unless we have timely advice, for whatever there is made in this Kingdom is for the Government, it is our opinion that Should any of your vessels be taken in the Channel loaded with those articles, she should certainly be condemned, however by having timely advise we can bring them from Holland on Reasonable Terms & ship them as you desire...
..., which we do assure you long to see it settled with all our hearts but should it be otherwise (which God forbid) command freely and you will find us at your service..., , therefore wish you most heartily all success in every undertaking and that you may communicate us some agreeable news We hourly look out for the London Post, should it bring any thing Worth yr notice — you may depend on being advisedbyDrsr[&c.] Joseph Gardoqui & sons
We.should have said above that Corbitt delivered us your esteemd 23d Decr 1.Mass. Arch., vol. 193.

2. Thornas Robinson, 2d Baron Grantham, Embajador Inglés en España.-

Estas operaciones secretas constituyen una de las razones por las cuales es difícil determinar las cantidades que España contribuyó.

Los fondos que el Gobierno proporcionó a Gardoqui para cubrir el costo de este embarque se registraron en la Tesorería como *Servicios del Tesoro Real* y nada más. La primera cantidad ascendió a 70,000 pesos y la segunda otros 50,000.

30,000 mosquetes con bayonetas
512,314 cajas de municiones
251cañones de bronze
300,000 libras de pólvora

12,868 granadas
30,000 uniformes
4,000 tiendas de campaña

La lista de los suministros necesitados fue entregada a Gardoqui por Arthur Lee el representante de las colonias en aquel momento. (Divar Garteiz-Aurrecoa, Javier: *"El Embajador Don Diego Maria de Gardoqui y la Independencia de los EE.UU" ISBN 2173-9102 Universidad de Deusto, Boletín Academia Vasca de Derecho, 2010)*

A continuación presentamos una selección variada de documentos – cartas, facturas, reportes – de Arthur Lee durante la época que fue Comisionado en Francia y más tarde en la Corte de España. A pesar que viajaba a España a menudo para asistir a reuniones continuó residiendo en Francia como medida de precaución para evitar la revelación de la *diplomacia secreta* durante los años que España brindaba asistencia a las colonias clandestinamente antes de declarar la guerra a Inglaterra.

(Estos documentos han sido copiados de los textos originales de *The Diplomatic Correspondence of the American Revolution Volume II, Jared Sparks, Authorization of Congress March 27, 1818, Archives.org, University of Toronto Libraries)*

Gardoqui organizó una reunión en Burgos para que Lee se encontrara con Grimaldi, el ministro español. De nuevo Gardoqui fue cauteloso y concertó la reunión en Burgos en lugar de Madrid para evitar cualquier indiscreción que pudiera resultar perjudicial.

Gardoqui le escribió a Lee indicándole que Grimaldi era conocedor de las intenciones del Rey y que por tanto se había tomado la precaución de concertar la reunión en Burgos. Insistiendo que Lee no debía dudar que todos (en el gobierno español) estaban a favor de las colonias y que sólo las circunstancias presentes les prohibían una declaración pública.

FROM JAMES GARDOQUl TO ARTHUR LEE.

Madrid, February 17th, 1777

Sir,

...this noble minister [referring to Grimaldi]has had to this day the entire direction of all affairs, and is of course fully acquainted with his Majesty's intentions, I believe he is the most proper person with whom you may treat either in said place, or some country house that might be

picked up for the purpose, and thereby avoid the inconveniences which must inevitably follow by your coming to Madrid. By the aforesaid belief I have given you a furdier proof of my attachment to the Colonies, and I must also add with all truth, that the principal persons here are of the

same opinion, although the present state of affairs obliges them to make no show thereof. In short. Sir, I hope you will approve of my proposed method being the safest and most natural to carry on the views of both parlies... I have the honor to subscribe myself, Eic. JAMES GARDOQUI

Después de concluida la reunión Grimaldi escribió desde Vitoria un memorial a Lee reiterando que la situación del momento era tal que no permitía a España declarar públicamente su apoyo a las colonias, pero que él estaba seguro que esto cambiaría en menos de un año.

Memorial del Marqués de Grimaldi a Lee

"You have considered your own situation and not ours. The moment is not yet come for us. The war with Portugal, France being unprepared, and our treasure from South America not being arrived,— makes it improper for us to declare immediately. These reasons will probably cease within a year, and then will he the moment."

Lee informa al Comité los resultados de la reunión.

ARTHUR LEE TO THE COMMITTEE OF SECRET CORRESPONDENCE.

Burgos, March 5th, 1777.
Gentlemen,
A person of high rank having been sent to confer with rne here, I am authorised to assure you, that supplies for the army will be sent to you by every opportunity from Bilboa.

I can say with certainty, that a merchant there has orders for that purpose; he is now here with me to have a list from me, and to contract for blankets, which are manufactured in this part of the country. I am also desired to inform you of ammunition and clothing being deposited at New Orleans and the Havanna, with directions to lend them to such American vessels as may call there for that purpose...

Lee además le escribió en marzo 17, 1777 desde Vitoria a Floridablanca, Ministro del Rey de España dándole cuentas del resultado de la reunión. Detallando cómo se llavarán a cabo los pedidos a través de Gardoqui y los artículos y suministros que éste podrá enviar. Además reportó que Grimaldi le indicó que *"todo esto se realizará por la gracia y cortesía de la disposición del Rey"* sin estipular nada a cambio. Continuó explicando otros detalles y al final repitió que todo se debía a la grandeza y opulencia del ilustre monarca que es Rey de España.

TO THE COUNT OF FLORIDA BLANCA, MINISTER TO THE KING OF SPAIN.
Vitoria, March 17th), 1777.

Mr Lee wishes to state to his Excellency, the Count de Florida Blanca, what he has understood from his

Excellency, the Marquis de Grimaldi, to be the intentions of his Majesty relative to the United States of America. That for very powerful reasons his Majesty cannot at this moment enter into an alliance with them, or declare in their favor that nevertheless, they may depend upon his Majesty's sincere desire to see their rights and liberties established, and of his assisting them as far as may be consistent with his own situation; that for this purpose the house of Gardoqui at Bilboa would send them supplies for their army and navy from time to time ; that they would find some ammunition and clothing deposited for them at New Orleans...

...The Marquis added, that his Majesty would do these things out of the graciousness of his royal disposition, without stipulating any return, and that, if upon inquiry any able veteran officers could be spared from his Irish brigade, the States should have them.

These most gracious intentions Mr Lee has communicated to the Congress of the United States in terms as guarded as possible without mentioning names, so that the source of those aids, should the despatches fall into the enemy's hands, can only be conjectured from the matter, not determined from the manner in which they are mentioned.

And for further security, the captain has the strictest orders to throw the despatches into the sea should he be taken. Mr Lee is sensible that these intentions are measured by the magnanimity of a great and opulent *prince*, and becoming the character of so illustrious a monarch as the king of Spain..." ARTHUR LEE.

Este reporte detallaba claramente que toda orden que Lee presentara a Gardoqui sería enviada sin costo alguno ya que el Ministro español no había estipulado nada a cambio más bien que todo se *"proporcionará gracias a la disposición generosa del Rey de España".*

Lee envió otro reporte al Comité de Correspondencia Secreta con más detalles.

TO THE COMMITTEE OF SECRET CORRESPONDENCE.

Vitoria, March 18th, 1777.

Gentlemen,

I had the honor of writing to you on the 5th from Burgos, since which I have had another conference at this place for greater secrecy and despatch. In addition to the supplies, which I informed you were to be furnished through the house of Gardoqui by every opportunity, and the powder and clothing which are at New Orleans, and will be advanced to your order

... In conformity with the above arrangement, I have settled with M. Gardoqui, who now is with me, and from whom I have received every possible assistance, to despatch a vessel

with all possible expedition, laden with salt, sail and tent cloth, cordage, blankets, and warlike stores, as he can immediately procure, and an assortment of such drugs as I think will be necessary for the three prevailing camp diseases...

...1 find here that you have not sent any vessels to Bilboa, though as being the most convenient, it is most frequented by private vessels. It is a free port, has no customhouse,and therefore business is despatched with more secrecy and expedition. Rice, indigo, tar, pitch, and turpentine, bear a good price there, and fish in Lent. By the provincial laws of Biscay, tobacco is prohibited, but it may be landed at the port of St Sebastian, some fourteen leagues distant ; and it sells well in Spain ', but it must be strong Virginia tobacco for this market. The house of Gardoqui has promised to collect from other places, such things as I have informed them will be proper for your service..

...the best and most respectable merchants, so the Gardoquis are at Bilboa. Their zeal and activity in our cause were greatly manifested in the affair of the privateer ; they are besides in the special confidence of the Court, and one of them has been employed as interpreter in all our business." Arthur Lee

Además de esta asistencia, Gardoqui y sus amigos envíaron 1,000,000 adicionales. Hasta ahora no aparecen documentos que indiquen si esta cantidad fue reembolsada o no. (Enciclopedia General ilustrada del Pais Vasco Vol XV –Galleta-GEOGG Editorial Auñamendi, Estornes Lasa Hnos., Apartado de Correos 2, Secundino Esuaola 13, PRAC, San Sebastián)

Entre los años 1776 y 1779 el Tesoro Real proporcionó a los rebeldes por mediación de Oliver Pollock , un total de 7,977,906 reales destinados a la compra de suministros para las tropas de George Washington y George Rogers Clark.*(Divar Gasteiz-Aurrecoa, Javier. JADO vol.20)*

En el 1777 España contribuyó a través de Francia la cantidad de 1,000,000 libras tornesas para establecer una corporación ficticia *Roderique, Hortalez & Cie.* La oficina central establecida en París era administrada en la isla caribeña de San Eustaquio por el Baron de Beaumarchais. Francia contribuyó con la misma cantidad al establecimiento de la compañía.

Otros fondos fueron proporcionados a Arthur Lee a través de Gardoqui y acreditados a su cuenta.

JAMES GARDOQUI TO ARTHUR LEE.
Madrid, April 28th, 1777.

Dear Sir,
The 24th instant, I had the pleasure to pay my last compliments to you, enclosing twenty second bills, amounting to 81,000 livres French money, as per duplicates herein to serve in case of need ; and being still without your favors, have only to forward you a further sum of 106,500 livres,in sixteen bills, as per memorandum at foot hereof, with which I beg your doing the needful as usual, and pass the same to my credit, advising me of it in due time, by which you will oblige him who longs for the pleasure of hearing from you, and is with very unfeigned esteem and respect, &£c. JAMES GARDOQUI

Información detallada de los fondos enviado por Gardoqui

ARTHUR LEE.
A Minute of the sixteen enclosed Bills, viz.
Livres 6000 drawn by P. Joyes & Sons, on Tourton h Baur.
6100 - 6150 - 6200 - 6250 - 6300 - 6400
6600 - 5900 ,, by F.Vrs.Gorvea,onTassin, Fàther SiSon.
6000 - 6500 - 6800 - 7000 - 7500 - 8000
8800 - 106,500 in sixteen second bills, all at 90 days date, with which pray procure the first accepted, acknowledging receipt as soon as possible.

Lee inmediatamente acusó recibo e indicó cuanto placer sintió al recibir este envío, y comentó que sus transacciones en Holanda resultaron más costosas de lo que se esperaba de modo que el envío de Gardoqui era más que bienvenido.

TO JAMES GARDOQUI AT MADRID.

Dear Sir, Paris, May 8th, 1777.
I received yours of the 24th ultimo, with its enclosures,which 1 have disposed of as the enclosed receipt will show. It is taken for granted, that they

are for the purposes settled at Vitoria, and to such the produce of them and of the rest will be applied. I beg you will express my warmest sense of this assistance, where you know the expression of it is due. The business in which we have engaged in Holland will be .much more expensive, than the estimate, which is too often the case. Assistance therefore comes very apropos...
...I have the honor to be, &c. ARTHUR LEE.

El Comité de Relaciones Exteriores le escribió a Arthur Lee acusando recibo de su correspondencia anterior y aparentemente complacidos con sus actividades.

COMMITTEE OF FOREIGN AFFAIRS TO ARTHUR LEE.
Philadelphia, August 8th, 1777.
Sir,
We have to acknowledge yours of March 18th from Vitoria in Spain, and another of May 13di from Paris.
...The intelligence contained in your last is a most pleasing confirmation of the hopes, which you had given us of pecuniary aid from Spain. Whatever tends to establish the value of our paper currency is most highly important to us.

La próxima comunicación entre Lee y Gardoqui indicaba que los términos de los acuerdos anteriores habían cambiado. Confirmando que no habría cargo alguno por los embarques ya enviados, pero que los futuros embarques de la compañía Gardoqui deberán ser pagados en productos americanos, especialmente en tabaco.

TO JAMES GARDOQUI AT MADRID.
Paris, September 25th, 1777.
Sir
We are now to begin on a new footing, and I shall take care that my constituents be duly informed,

that for all the aids they receive hereafter from your quarter, they are to make returns in tobacco, pitch, tar, he. to your house, agreeably to your letter. I beg to know by your next, whether the same arrangement is to take place for the future with regard to the deposits at the Havanna and New Orleans, or whether nothing further is to be transmitted through those channels, that if so, the trouble of sending thither and the disappointment may be prevented I have the honor to be. Sec.
ARTHUR LEE

El 19 de diciembre de 1777 Arthur Lee reporta desde París al Comité de Relaciones Exteriores que todo está listo para embarcar desde Bilbao tan pronto como el gobierno español entregara el dinero

TO THE COMMITTEE OF FOREIGN AFFAIRS.
Paris, December 19th,. 1777.
Gentlemen
... I have directed all the naval stores that are collected at Bilboa to be shipped forthwith,
the moment the Court of Spain agrees to furnish the money... Arthur Lee

La correspondencia de Arthur Lee al Comité de Relaciones Exteriores continuó detallando la ayuda de España años antes que España declarara públicamente su apoyo a las colonias.

DIPLOMATIC CORRESPONDEJNCE. TO THE COMMITTEE OF FOREIGN AFFAIRS.
Paris, January 15th, 1778.
Gentlemen,
I have the pleasure to inform you, that our friends in Spain have promised to supply us with three millions of livres in the course of this year. I should be happy that immediate and precise orders were

sent from Congress for the appropriation of it; which will prevent it from being expended in a manner, perhaps, less useful than the purposes they may wish to fulfil.

My last advices from Bilboa assure me, that they are shipping the blankets and stockings I ordered. The enemy are raising men in England and Scotland with great industry; but their best stock (the 3 per cent consols*) has fallen 7 per cent.
I have the honor to be, Eic. ARTHUR LEE.
*consols se refiere a acciones y bonos

TO THE COMMITTEE OF FOREIGN AFFAIRS.
Paris, February l0th, 1778.

Gentlemen,
The enclosed Memorial and letter to Count de Florida Blanca, will inform you particularly of my proceedings in Spain, with the reasons of the cautious conduct of that Court, which I did not think it safe to communicate before that time between France and England. From the enclosed accounts you will also see what has been sent from the house of Gardoqui, in pursuance of orders from the Spanish Court, and what by my order, which I am to pay for out of the fund remitted ine from Spain of 170,000 livres. This fund would have been applied in lime to have had the blankets, Sec. with you for the winter's campaign, but for the following reason.
... On my return from Germany in August, I found that from various expensive purchases, not only all our funds from our friends here had been exhausted, but we also involved in a considerable debt, and not half of your orders fulfilled, nor any fund to answer your draughts. It was therefore thought prudent to retain that sum, till we were

sure of an additional supply from hence. The moment this was secured, I sent orders for the shipping of blankets and Stockings, which are certainly cheap, and I hope will be of use...

El 28 de febrero de 1778 Lee escribió al Comité de Relaciones Exteriores indicando que España había prometido la cantidad de tres millones de libras que serian remitidas desde La Habana. Sin embargo ocurrió una demora en esta transacción y por lo tanto el pago se demoró durante la ausencia de Lee.

Repetidamente leemos en la correspondencia y las facturas, que existía un espíritu de cooperación por parte de Gardoqui debido a las instrucciones recibidas de la Corte siempre confirmando asistencia ilimitada a las colonias. La reducción de la comisión al 3% indica el deseo de ayudar lo más posible. Como Gardoqui conocía que los rebeldes no tenían recursos, inclusive aparenta ofrecer excusas por incluir el modesto recargo explicando las dificultades y los gastos en que se incurría tratando de reunir los pedidos y después enviarlos.

JAMES GARDOQUI & CO. TO ARTHUR LEE.

Bilboa, April 1st, 1778.

You will see by this invoice, that agreeable to what you are pleased to communicate to us in your very esteemed favor of the 6th instant, we have reduced our commission to 3 per cent. But, dear Sir, besides our being allowed 5. per cent by all the American friends we have worked for in the present troublesome times, several of whom have been, and actually are, eye witnesses of our troubla, as those blankets must be collected in the country round about Palencia, and the money must be remitted in specie there long beforehand for the purpose, we are not only obliged to pay the freight thereof and run the risks of it, but also to make good to the persons eniployed in their collection, their expense and trouble ; the whole out of our commission, so that at present we reckon that half of it will be our profit. We are, &;c.

Incluye la factura por los envíos *JAMES GARDOQUI & CO. Invoice of seveniyfive Bales of M.erchandise shipped on hoard the George, Captain Job Knight, for Cape Ann, consigned to Elhridge Gerry, on Account of Arthur Lee.*

No. i to 75. 75 bales containing 1926 fine large
Palencia blankets, at 27 riales, 52,002,00
Charges. 826
To 413 vares of wrappers, at 2 riales 1,576,00,
To packing, lighterage, he. 750 53,573,00
Commission 3per cent, 1,607, 11
Rialed of V. 55,185,11
Riales of V Placed to the debit of Arthur Lee.
Bilboa, the 28th of March, 1778. Errors excepted.
J. GARDOQUI & CO.
April 1, 1778.—Number of blankets sent from Bilboa for Congress, since January, 1778.
1586 - 615 - 550 - 1695 -2296 -1926 - Total, 8663

TO THE COMMITTEE OF FOREIGN AFFAIRS.
Paris, April 5th, 1778
Gentlemen,

Having pressed the matter of supplies from Spain, I received an answer yesterday, that endeavours would be used to send you soccors through the Havanna. The present critical situation of that Court renders them averse to being more particular, or to have applications made to them, but I think they will not long remain under this embarrassment. With my utmost duty and respect to Congress, I have the honor to be, &sic. ARTHUR LEE*
**soccors se refiere a ayuda o asistencia*

TO THE COMMITTEE OF FOREIGN AFFAIRS.

Paris, May 23d, 1778.

Gentlemen,

In consequence of your despatches by my colleague, Mr Adams, I lost no moment to press the renewal of the order for the supplying you with such stores as you want, and as that country affords, from the Court of Spain. I have the satisfaction to inform you that such orders are given, and I am assured will be carried into execution as speedily as possible

El 8 de julio de 1778 Lee recibió del Congreso un pedido urgente de fondos con instrucciones que debía presentarlo rápidamente a Floridablanca explicando al mismo la urgencia con que se necesitan los fondos en relación a la situación del papel moneda de las colonias.

TO COUNT DE FLORIDA BLANCA.

Paris, July 18tb, 1778.

Sir, The great quantity of papermoney, issued to defray the necessary expenses of the war, having atlength become so considerable as to endanger its credit, and Congress apprehending, that the slow operation of taxes may not be adequate to the prevention of an evil so pernicious in its consequences, and as experience proves, that the method of paying the interest by bills on France not fill the loan office so fast as the urgent calls of war demand, "Resolved, That the Commissioners at the Courts of France and Spain be directed to exert their utmost endeavors to obtain a loan of two millions sterling on the faith of the United States, for a term not less than ten years, with permission if practicable to pay the same sooner if possible...

..."That in order more efiectually to answer the good purposes intended by this plan, the Commissioners

be also instructed to keep as secret as the nature of the thing will admit, whatever loan they shall be able to obtain for this purpose on account of the United States." much upon his Majesty's goodness.

...That necessity must also plead my pardon for entreating your Excellency to let me have as early an answer as possible...

... With regard to the interest for the quantum of that, they refer themselves to his Majesty's justice: *Five per cent is the legal interest with them, but I am authorised to give six, if his Majesty should desire it..*

...this loan is appropriated to sinking the paper money, which necessity obliged
Congress to issue...

...I most earnestly beseech your Excellency so to represent our situation to the King, as may move his royal benevolence to furnish the relief, which will raise an everlastingtribute of gratitude in the minds of the people of the United States.

I have the honor to be, with the greatest respect, your Excellency's most obedient, &.c.ARTHUR LEE.

La correspondencia que sigue indica que Lee compartió con Gardoqui la petición de fondos que presentó a Floridablanca. Gardoqui responde rápidamente "como amigo sin conocer lo que piensa la Corte". España ha invertido considerables sumas de dinero para mantener los buques que protegen a las colonias además de todos los suministros enviados y los que enviará en el futuro. Añadió que se debían considerar también las enormes cantidades ya proporcionadas que sólo beneficiaban a las colonias en su disputa actual.

Gardoqui sugirió que quizás la Corte podría considerar una suma tan elevada si el Congreso estuviera dispuesto a ofrecer algo a cambio, como por ejemplo madera de óptimo grado para la construcción de barcos o quizás si al terminar el conflicto se ofreciera a España el territorio de la Florida lo cual podría cancelar gran parte de la deuda.

"...Sir, you will excuse my liberty in pointing out these hints, to which I am led by the honest principle of friendship, and by the wished for view that the interest oboth countries may be united upon a sincere and lasting footing ; therefore I hope you will weigh the same as you may think more convenient, observing that I suppose you will not propose it to our Court, before you know how the honorable Congress thinks upon both objects. I am with unfeigned esteem, he.
JAMES GARDOQUI.

Lee comprendió la magnitud del pedido y trató de tranquilizar a Gardoqui sabiendo que éste estaba en contacto con Floridablanca y con el Rey. Le escribió a modo de clarificar la petición y al mismo tiempo le reiteró el profundo agradecimiento que tanto él como el Congreso sienten por la contribución de España.

Este documento sirve también para clarificar y establecer sin dudas que la contribución de España fue significativa, un hecho que se omite en la mayoría de los relatos acerca de la Guerra de Independencia.

TO JAMES GARDOQUl.
Paris, August 27tl), 1778.
Dear Sir,
I received yesterday your favor of the 13th. If I remember rightly what made me delay writing to you relative to the bills was my desire of informing you, at the same time, of their being accepted ; and

it was long before J could learn that myself, from the manner in which they were drawn. I am very sorry it did you any disservice.

I am neither unmindful of, nor ungrateful for, the support we have received from your quarter. The inevitable necessity, which compelled an application for more, gave me great uneasiness. I was sensible the sum desired was very considerable. But so are our wants. It is our misfortune, not our fault, that we are obliged thus to trouble and distress our friends. I trust they will consider it in that light..

Be so good as to assure our friends, that I have not omitted, nor shall I omit the smallest circumstance of their friendship and generosity, which has passed through me. I hope for a speedy and favorable answer to transmit to my constituents. I have the honor to be, &c. ARTHUR LEE.

Unos días más tarde Gardoqui respondió que algunos de sus amigos a los cuales les había hablado para que prestaran el dinero estarían dispuestos a proporcionar los fondos pero quisieran tener la seguridad que el préstamo sería por un límite de tiempo específico y además deseaban conocer el lugar donde el dinero se entregaría.

JAMES GARDOQUI TO ARTHUR LEE. Madrid, September 28th, 1778.
Sir,
A severe illness, which almost reduced me lo the last, has prevented my giving you punctual answers to your favors down to the 1st instant;

Some of my friends, with whom 1 tried to raise a sum for you, desire to know the length of time you want it, the interest you will allow, and whether you will pay said interest in tobacco, and at what price it will be reckoned in Bilboa, with all other particulars that may offer to yo; so I wish you to let me know, if agreeable, that I may let them see it, observing, that I judge we may raise a part, though not the two million of livres, which you desired of me ; I would also know whether you will want the money in France or Spain. I am with sincere esteem, your most obedient humble servant, JAMES GARDOQUI

Al Comité de Relaciones Exteriores Lee envió el documento de embarque detallando lo enviado, el costo, etc.

TO THE COMMITTEE OF FOREIGN AFFAIRS.
Paris, January 5th, 1779.

Gentlemen,

...i send you copies of the bill of lading and the invoice of supplies shipped from Bilboa, which I hope will arrive safe.

Public Money expended. Remitted to Gardoqui at Bilboa (for supplies sent to Congress)

, November 29th, 1777	*60,790*
May 29th, 1778,	*14,599*
September25th,	*24,654*
January3d, 1779,	*19,905*

Amount brought over,	*235,330*
Banker's commission, . .	*1 ,037*
30,000 blankets ordered from Bilboa,	*210,000*
Charges on them,	*18,000*
	464,567

Public Money received.
1777, May, Remittance from Spain, . 187,500

1778, Oct.	*Two do " ..*	*187,500*
Interest on the last for three months,		*2,000*
		377,000
Debit,		*87,567*
January 1st, 1779.		*Livres 464,567*

≈≈≈

España declara la guerra a Inglaterra

La correspondencia de Lee a.la Corte reiteraba claramente la convicción de las colonias y sus representantes de que España sería el factor decisivo para derrotar a Inglaterra.

MEMORIAL TO THE COURT OF SPAIN.
Paris, June 6th, 1779.

It is experience that teaches wisdom. The misfortunes of our friends carry this good with them, that they are a warning to us.

The present war between France and England has been conducted chiefly by the privateers of the latter. They have made a prey of almost the whole commerce of France. This, while it really enriched England, rendered the war popular. It has deeply wounded France in the loss of her sailors as well as of her property...

... There is no human event more sure than that Spain, if she secures her commerce from the depredations of the enemy, must soon reduce Great Britain to whatever equitable terms she pleases. ...

the fleet of Spain should completely block up the Mediterranean, so as to intercept all communication with Gibraltar and Minorca, these strong holds must inevitably surrender in a few months...

.I may, therefore, be now permitted to repeat with more confidence than ever, that it is in the power of Spain to clip the wings of Great Britain, and pinion her forever.

ARTHUR LEE.

Al Presidente del Congreso le notifica con gran entusiasmo que España ha declarado la guerra a Inglaterra

TO THE PRESIDENT OF CONGRESS.
Paris, June 21st, 1779.
Sir,
I have the honor to inform Congress, that Spain has declared against Great Britain, and that their respective Ambassadors are recalled. A part of the Spanish fleet has joined that of France, which makes it outnumber that of England, amounting to thirty three sail of the line, underAdmiral Sir Charles Hardy, so that it is not very probable the latter will long hold the dominion of the sea... ARTHUR LEE

≈≈≈

Recuperando los fondos, pagando la deuda

El 19 de septiembre de 1792 William Carmichael, encargado de negocios de Estados Unidos, informó al ministro español Conde de Aranda que los Estados Unidos había decidido saldar las deudas con todos los que proporcionaron asistencia durante la guerra. Añadió que existía un enorme agradecimiento por todo el apoyo y asistencia que España había proporcionado y solicitó que se le hiciera llegar un estado de cuentas de la deuda para poderla liquidarla.

Aranda le escribió a Gardoqui y le envió los documentos de sus archivos pidiéndole la información adicional que se encontrara en los archivos de Gardoqui e Hijo.

Gardoqui le respondió que los documentos se encontraban en las oficinas de Bernardo del Campo en la Secretaría de Relaciones Exteriores.

Unos meses más tarde como Carmichael no había recibido respuesta a su petición volvió a escribir a Aranda explicando que le era urgente recibir esta información para remitirla al Congreso.

La situación se repite. Aranda le pidió a Gardoqui que le enviara los documentos y Gardoqui le informó que los debía solicitar a la oficina de del Campo.

Como hemos mencionado anteriormente, los fondos proporcionados por España procedían de distintas fuentes y no siempre eran registrados en los mismos archivos. Por ejemplo según explica Yela Ultrillo (1922) los fondos registrados en las oficinas de del Campo no incluían las cantidades procedentes de las posesiones de ultramar y las cantidades enviadas a Miralles para sufragar el gasto de enviar a las colonias un galeón cargado con harina y suministros. Además faltaba la computación de las grandes cantidades que se dieron a John Jay y los gastos de reparaciones y mantenimiento de las flotas.

De acuerdo a la información enviada a Floridablanca por el Ministro de Indias José de Gálvez, no se ha incluido en esta información los préstamos hechos desde la Habana y Nueva Orleans.

"Se ha computado que la asistencia económica proporcionada por España a la independencia de Estados Unidos asciende aproximadamente a 37,000,000 reales". **Reyes Calderón** estima "*que los fondos proporcionados a las colonias sólo en el año de 1777, ascendieron a 2,489,906 reales equivalente al 5.9% de los ingresos de país"*

Durante el tiempo en que se estaban recopilando los documentos y considerando varias opciones, Gardoqui sugirió al Duque de Alcudia (Manuel Godoy) que *"quizás las circunstancias indican que se cancele la deuda de Estados Unidos en su totalidad o parcialmente con vistas a obtener ciertos futuros beneficios en algunos asuntos, pero esto queda pendiente a la decisión suya".* (Reyes Calderón Empresarios españoles en el proceso de independencia de Estados Unidos).

Además de la asistencia prestada por la Real Armada se debe añadir la información que sigue de acuerdo a E. Manera Regueyra," *Intervención española en la guerra de independencia de los Estados Unidos, RGM, tomo 209, 8/9-85),*una asistencia substancial debe incluirse por la cantidad de 7.944.906 reales de vellón recibida directamente desde España y 799,420 pesos (15.588.400 reales) de América.(E. Manera Regueyra,*"Intervención española en la guerra de independencia de los Estados Unidos,. RGM, tomo 209, 8/9-85),* También se deben incluir fondos del Tesoro Español enviados a Gardoqui por orden de Floridablanca a su tesorero Don Pedro M. Ortiz de la Riva.

Año	Fecha de pago	Cantidad
1777	17/4	70.000 pesos
	25/5	50.000 pesos

1778	30/7	53.000 pesos
	11/11	50.000 pesos
1780	10/12	24.000 pesos
1781	19/2	32.000 pesos
	27/3	12.000 pesos
	1/5	14.000 pesos
	1/6	12.000 pesos
	9/8	12.000 pesos
	29/11	51.083 pesos
178	28/2	26.000 pesos
	TOTAL	406.083 pesos

Este gráfico no incluye los recursos proporcionados desde el año 1781 hasta el final de la Guerra.

Tampoco se ha incluido la asistencia ofrecida entre los años de 1775 y la primera parte de 1777 a través de Gardoqui que incluyeron embarques de armas y suministros. De estos, los embarques de 1775 fueron enviados sin costo alguno para las colonias y otros más se enviaron a cambio de productos como hemos anotado anteriormente pero cuyo valor no se ha determinado. (Alsina Torrente, Juan *"Una Guerra Romántica, 1778-1783, España, Francia e Inglaterra en la mar, Ministerio de Defensa)*

Otras contribuciones bajo los auspicios y autorización del Gobierno de España.

El día 17 de agosto de 1778, el Rey Carlos III promulgó un decreto solicitando donaciones voluntarias de parte de todos los ciudadanos españoles de las Américas, para ayudar con los gastos de la guerra, de acuerdo a la siguiente estructura. Españoles a pagar 2 pesos y los mestizos e indios a pagar 1 peso.

Texas – Thonhoff, Robert H., *The Texas Connection with the American Revolution,* Austin, Texas – Eakin Press 1981] .

Mr. Thonhoff generosamente comparte la información de todas las contribuciones que hasta ahora no han sido publicadas con frecuencia.

Cinco misiones de San Antonio	*217 Pesos*
Habitantes de Presidio LaBahia	*198 Pesos*
Misión Espíritu Santo	*67 Pesos*
Pueblo de Nuestra Señora del Pilar de Nacogdoches	*181 Pesos*
Habitantes de Presidio de Béxar y las Villa de San Fernando	*312 Pesos*
Individuos de la Compañía de Caballería Presidio de Béxar	*452 Pesos*
Individuos de la Compañía de Caballería Presidio de la Bahia	*232 Pesos*
Total	*1659 Pesos*

Ante la necesidad de alimentar las tropas Bernardo de Gálvez envía un emisario, Francisco García con una carta dirigida al Gobernador Domingo Cabello. Solicitando y a la vez autorizando el primer arreo oficial de ganado fuera de Texas [Nota: esta autorización era requerida ya que en esos tiempos estaba prohibido transportar ganado fuera de Texas]

Aproximadamente nueve mil cabezas de ganado fueron arreadas por rancheros españoles de Texas desde el Valle del Río San Antonio y escoltadas por soldados españoles de Texas con destino a las tropas de Gálvez luchando en la campaña de la Luisiana hasta la Florida.

Además cientos de caballos fueron parte de la entrega para uso de la caballería y artillería.

La participación más importante en esta operación fue la de Fray Pedro Ramírez de Arellano de la Misión San José y Presidente de todas las misiones de Texas, quien dio su autorización y bendición para que las misiones pudieran proveer la mayor cantidad de ganado siendo la Misión del Espíritu Santo de La Bahía la mayor proveedora.

El costo del ganado y del transporte del mismo no se ha determinado pero si se conociera debería ser añadido a la contribución de España a la guerra.

≈≈≈

Thomas E. Chávez en su libro *"Spain and the Independence of the United States, An Intrinsic Gift"* presenta información poco conocida relacionada con la contribución de España a la Guerra y ha accedido generosamente a compartirla.

...suministros enviados a través de Oliver Pollock a fines de 1778, pagos hechos en octubre suman un total de 15,948 pesos fuertes, seguidos de 22,640 pesos fuertes el próximo mes de julio...

...En Nuevo México los Gobernadores Anza y Neve autorizaron una colecta especial de impuestos cuyo total fue de 3,677 pesos equivalentes a $110,300. en moneda actual. Los pueblos Hopi y Zuni fueron exentos de esta contribución...

...Neve también pidió al Padre Junípero Serra que recaudara impuestos de sus misiones que ascendieron a un total de 4,216 pesos ($126,480. Actual que incluía 2,000 pesos ($60,000.) que Neve había recaudado...

... En Arizona se recaudaron por impuestos la cantidad de 22,420 pesos ($672,600) de los cuales 429 pesos ($12,870.) fueron recaudados en Tucson que en ese tiempo era un pequeño poblado...

...En España, Floridablanca informó al pastor de la Catedral de Toledo que se necesitaban contribuciones. Toledo contribuyó con préstamos sin interés y donaciones por valor de 500,000 reales ($1,875,000.) para servicios al Rey...

...La Catedral de Málaga contribuyó con una donación además de un préstamo de 200,000 reales de vellón ($37,500.) pagadero cuando se firme la paz.

La relación detallada de los fondos obtenidos en La Habana para sufragar los gastos de la batalla de Yorktown se encuentran en el Apéndice 2.

La información que se ofrece a continuación ha sido tomada de *El Nacimiento de una Gran Nación. Contribución Española a la Independencia de los Estados Unidos de America del Norte,* José Antonio Armillas Vicente, Departamento de Historia Moderna, Facultad de Filosofía y Letras de la Universidad de Zaragoza Conferencia Colegio Universitario de Logroño, 5 de mayo de 1976 -

...Durante el año 1778 la cantidad de 1,339,220 reales de vellón fue enviada desde México a través de La Habana entregada en Nueva Orleans por autorización de la Corona de España. (Archivo General de la Nación de México).

...John Jay llegó a Madrid el 27 de septiembre de 1779 después de ser nombrado Ministro de Estados Unidos en España. Mientras se encontraba en España, el Gobierno se vió obligado a hacerse cargo de letras extendidas sobre la Hacienda Real por el Gobierno norteamericano sin conversaciones previas, con el objeto de saldar la deuda exterior de los Estados Unidos.

A pesar de las protestas por parte de Floridablanca la Hacienda Real acabó haciéndose cargo del pago de 100,000 libras esterlinas pagaderas al plazo de seis meses a partir de enero 1, de 1780, adelantando el abono de 300,000 reales de vellón sin promesa de pago...

...En total, el importe de la ayuda inicial y directa de la Corte española a 1a Independencia de los Estados Unidos puede cifrarse en un total relativo de 12.226.560 reales de vellón, de los que 4.281.960 podían considerarse en concepto de préstamo y 7.944.600, como generosas subvenciones a fondo perdido. De tal cantidad global, 8.121.660 reales de vellón fueron entregados directamente por Diego de Gardoqui a los Enviados americanos desde el 17 de abril de 1777 hasta el 28 de febrero de 1782. El resto, 4.104.900 rs. vn. corresponde a la cantidad adelantada en 1776 y a las ayudas obtenidas a través de Nueva Orleans...

≈≈≈

Contribución total de España

Hasta el presente el monto total de la asistencia económica que España proporcionó a la Guerra de Independencia de Estados Unidos no ha sido determinado unánimemente por historiadores e investigadores por razones y dificultades varias.

Todos los que han investigado el tema sí confirman sin duda alguna que además de regalos, canje de productos y gastos navales, España contribuyó a la guerra considerables cantidades de efectivo del Tesoro Real.

La esperanza de los que hemos trabajado de forma cautelosa y diligente en la investigación de este tema es que la información presentada conduzca eventualmente al reconocimiento y agradecimiento de la contribución de España a nuestra independencia.

≈≈≈

CAPÍTULO 9

Nacimiento de una gran armada Marina de los Estados Unidos

No se ha escrito mucho acerca de los comienzos de la Marina de Estados Unidos durante la guerra revolucionaria. Esto no significa que no existiera puesto que nació e inició su desarrollo durante esta guerra, realizando hazañas muy importantes y sus marinos demostrando una enorme capacidad de inventiva y valor, pero realmente su influencia fue mínima durante la marcha de la guerra.

Al comienzo de la rebelión de las colonias americanas, éstas no disponían de marina militar ni estaban preparadas para organizarla. Las primeras operaciones revolucionarias fueron lógicamente terrestres, con ataques contra guarniciones o tropas británicas en movimiento.

Sin embargo, Inglaterra tenía necesidad de enviar siempre sus tropas y refuerzos por mar. Además tanto los ingleses como las colonias debían mantener un tráfico comercial y de pertrechos de guerra bastante intenso en los puertos de sus respectivas áreas de control. Todo indicaba que la lucha pronto se extendería a! mar.

En efecto, la primera oportunidad se produjo el 5 de octubre de 1775, cuando el Congreso norteamericano, al tener noticias de la salida para aguas americanas de varios buques mercantes ingleses cargados de armas y municiones, decidió intentar detenerlos.

Para ello se habilitaron rápidamente 2 pequeños buques de diez y catorce cañones, a los que pronto se unieron otros 2 de veinte y uno de treinta y seis.

Este fue el comienzo de la hoy todopoderosa ***Navy of the United .States.***

En noviembre, ante la captura de diversos buques mercantes por los ingleses, el Congreso aprobó una ley autorizando el ataque de sus buques al tráfico enemigo, y el 13 de diciembre se ordenó la construcción de 13 fragatas en diferentes puertos de la costa.

Sus nombres, se repetirían en la marina de Estados Unidos a través de los años: de 34 cañones, *Hancock, Randolph, Raleigh, Warren y Washington; de 28, Congress, Effinghan, Providence, Trumbull y Virginia; de 24, Boston, Delaware y Montgomery.*

Se nombró comandante en jefe de la escuadra al capitán Esek Hopkins, e incluía entre sus capitanes subordinados a John Paul Jones.

El primer enfrentamiento tuvo lugar el día 17 de febrero de 1777. La flota estaba al mando de Hopkins y este izó su insignia en el *Alfred* acompañado de varios buques más pequeños y atacó Nueva Providencia en las Bahamas.

La acción no tuvo demasiada repercusión, pero representó el primer encuentro naval de la naciente flota y de ahí su importancia.

En el 1778 Jones emprendió su primera travesía llegando al sur de Inglaterra. Con gran coraje navegó por el Mar de Irlanda, desembarcó en Whitehaben y atacó la isla de Santa Marina tomando el castillo de Lord Selkirk. Durante la batalla , Jones capturó la nave *Drake*, Esta fue la primera vez que un buque de guerra inglés se rindió a uno americano. Jones fue reconocido internacionalmente por sus acciones contra los ingleses en el Mar del Norte.

El 4 de julio de 1776, día en que se proclamó la independencia de las trece colonias, la flota rebelde se componía, de las 13 fragatas en construcción, 25 buques de guerra con 422 cañones contra los 78 con 2.078 cañones que los ingleses desplegaban para bloquear las costas de las trece colonias

A finales de 1777 la flota de guerra americana solo contaba con 14 buques y 332 cañones.

Cuando Francia y España declararon la guerra a Inglaterra, todas estas naciones contaban con enormes recursos destinados a mantener sus tropas de mar y tierra.

En cambio los colonos no poseían capacidad financiera para sufragar sus campañas en tierra y decidieron que por el momento no podían afrontar los gastos en que debían incurrir para mantener una marina y por tanto esta gestión se paralizó.

La Marina de los Estados Unidos (United States Navy) pasó por décadas difíciles en su afán de mantenerse al corriente de la tecnología naval. Hoy en día se ha colocado a la cabeza de todo el desarrollo tecnológico global y está considerada la más poderosa y avanzada fuerza naval del mundo con un presupuesto de billones de dólares.

Tomado del texto de Alsina Torrente, Juan *"Una Guerra Romántica 1778-1783, España, Francia e Inglaterra en la mar" Juan Alsina Torrente, Conde de Albay, Ministerio de Defensa, Instituto de Historia y Cultura Naval, Madrid 2006*

≈≈≈

CAPÍTULO 10

Rostros olvidados de la Revolución

La guerra de independencia de las colonias inglesas norteamericanas resultó exitosa gracias a la contribución de potencias europeas y de una serie de individuos que trabajaron con gran afán durante años para implementar las decisiones de sus gobernantes. Desafortunadamente, poco se les agradece ó se les recuerda.

Diego María de Gardoqui

Nacido en Bilbao, gran amigo de George Washington y John Adams, de varios miembros del Congreso Continental y otros dignatarios, pocas veces se menciona en relatos y publicaciones referentes al tema. Sólo en 1992 se reconocieron sus actividades al develar el Rey Juan Carlos I de España una estatua como regalo a la ciudad de Filadelfia colocada en un área de poca relevancia en un parque en Logan Circle. La inscripción traducida del inglés lee: *Diego de Gardoqui 1735-1798. Enviado del Rey de España a los Estados Unidos presentado por Su Majestad Don Juan Carlos I Rey de España a la ciudad de Filadelfia en conmemoración del Bicentenario de los Estados Unidos*. Esta inscripción no describe ni representa en absoluto los méritos de Gardoqui y su contribución a la independencia de los Estados Unidos.

Detalles muy específicos de su contribución se relatan en varios capítulos de este libro.

Bernardo de Gálvez

Gobernador español de La Luisiana y *la inteligencia genial* de la toma de Panzacola y estratega de la victoria de Yorktown, se le menciona en breves ocasiones, como de paso. Su heroísmo y contribución a la independencia de las trece colonias se describen detalladamente en varios capítulos de este libro.

Oliver Pollock

Nacido en Irlanda, vivió en las Antillas Mayores donde se estableció como comerciante con tal éxito que llegó a poseer su propia embarcación. En el 1768 se mudó para Nueva Orleans donde entabló amistad con Unzaga el gobernador de Luisiana. Comenzó ayudando a enviar suministros a los rebeldes y terminó por convertirse en un patriota dedicado a la causa de la independencia. Antes que España entrara en la guerra Pollock había vendido parte de su propiedad para ayudar al gobernador de Virginia, Patrick Henry. Además proporcionó ayuda crítica a Gálvez.

Se estima que al finalizar la guerra las deudas de Pollock ascendían a $300,000. ya que había obtenido préstamos para asistir al Congreso y al estado de Virginia.

Francisco Rendón, el observador español en las colonias pidió al Congreso que se reembolsara a Pollock pero el Congreso decidió que el dinero debía ser reembolsado por Virginia. Al final la intervención de Rendón a favor de Pollock rindió frutos y el Congreso le reembolsó $90,000.pero tuvo que esperar seis años para recibir el pago. Más tarde el gobierno federal le pagó $108,605. y el resto eventualmente lo pagó Virginia.

Arthur Lee

Educado en Eaton, el Congreso Continental nombró a Arthur Lee su agente secreto en Londres. Más tarde fue nombrado Comisionado a la Corte de Versailles en unión de Benjamín Franklin y Silas Deame

Lee continuó residiendo en Francia mientras llevaba a cabo una intensa campaña en España con el propósito de obtener asistencia económica de este país. En ocasiones viajaba a España si era necesario reunirse con algún dignatario. Por ese motivo entabló amistad con Diego de Gardoqui. Esta amistad le proporcionaba acceso directo al ministro español Floridablanca, quien controlaba los fondos relacionados con la ayuda a las colonias.

Desafortunadamente, desavenencias internas con Silas Deane resultaron en una división entre los miembros del Congreso y la reputación de Arthur Lee se vio afectada.

Sin embargo se le debe reconocer por sus continuos y exitosos esfuerzos procurando valiosa asistencia para las colonias por parte de España. Es importante notar que en esos momentos toda transacción se llevaba a cabo de manera clandestina ya que España se presentaba como potencia neutral.

John Paul Jones

Nacido en Escocia siendo aun muy joven llegó a ser capitán de marina mercante.Durante una breve estancia en la isla de Tobago, fue atacado por un grupo de marineros y terminó hiriendo de muerte a uno de sus asaltantes. Escapó a las colonias inglesas, tomó el nombre de John Paul Jones y se alistó de voluntario en el ejército revolucionario. A pesar que la emergente Marina Continental era pequeña y sin recursos, navegó hasta la costa de Inglaterra donde luchó contra la marina inglesa y su buque fue destruido.

El Congreso planeaba proveer a Jones de un buque mejor pero esto no llegó a hacerse realidad.

Sin embargo, Jones continuó insistiendo con el Congreso indicando que era necesario tener una gran marina, pero en realidad el país emergente carecía de fondos. Nunca pudo imaginar Jones que ese país joven llegaría a convertirse en un futuro en la potencia naval más poderosa del mundo.

José Moñino y Redondo, Conde de Floridablanca

Nacido en Murcia en 1728 estudió Derecho en la Universidad de Salamanca y llegó a ser uno de los hombres de estado más influyentes en España. El primer ministro, Marqués de Esquilache reconoció su talento y lo nombró Embajador de España ante la Santa Sede durante el papado de Clemente XIV en 1772, y más tarde se le otorgó el título de Conde de Floridablanca.

Fue nombrado Ministro de Relaciones Exteriores en 1777. Ocupó el cargo por 15 años (1777-92) e introdujo numerosas reformas en el gobierno español bajo el reinado de Carlos III y de Carlos IV. Se le ha reconocido como el arquitecto de la política exterior de España fortaleciendo la posición española frente a Inglaterra.

En un principio estuvo opuesto a la asistencia pública de España a las trece colonias. A pesar de ello autorizó secretamente los trámites de transferencias de grandes cantidades de fondos del Tesoro a través de tercera partes. Al final apoyó la intervención de la Corona en la Guerra.

Don José de Solano y Bote Carrasco y Díaz, primer Marqués del Socorro

Solano comenzó su carrera naval a la temprana edad de 16 años y llegó a Capitán General de la Real Armada.

Destinado a América en 1754, fue gobernador y capitán general de Venezuela (1762-1770) y de Santo Domingo (1770-1779). En 1779 -1784 y 1796 estuvo al mando de una escuadra que combatió contra la marina británica.

Cuando España declaró la guerra a Inglaterra Solano estaba al mando de *El Rayo*, buque de línea de 100 cañones construido en el astillero de La Habana. En 1781 como Comandante de la escuadra española brindó ayuda crítica y decisiva a Bernardo de Gálvez durante la toma de Panzacola; en reconocimiento al exitoso desempeño de sus responsabilidades el Rey le otorgó el título de Marqués del Socorro.

Luis de Córdova y Córdova

Almirante español que se distinguió como Comandante de la flota española durante la Guerra de Independencia de las trece colonias. Capturó dos convoyes ingleses con un total de 79 buques entre los años 1780 Y 1782 además de un convoy de 55 buques que transportaba indios y 610 buques de carga.

El día 9 de agosto de 1780 durante un encuentro naval la flota de Córdova capturó un convoy inglés formado por 63 naves al mando de Sir John Moultray capitán de *HMS Ramillies* y 3 fragatas. En el curso de la batalla los españoles capturaron 55 de los 63 buques lo que representó un gran pérdida para Inglaterra que se estima fue de 1.5 millones de libras.

Zenón de Somodevilla y Bengoechea

Somodevilla desempeñó cargos importantes durante el reinado de Carlos III.

Como Teniente General y Secretario de la Armada fue el responsable de la restructuración y reorganización de la Armada. Debido al magnífico desempeño de sus responsabilidades, en 1736 el Rey le concedió el título de Marqués de la Ensenada.

Somodevilla convirtió a España en la potencia naval que constituyó el factor decisivo en la Guerra de Independencia de Estados Unidos contra Inglaterra.

Rey Carlos III

Ascendió al trono de España en 1759 y firmó el Tercer Pacto de Familia con Francia lo cual trajo como consecuencia el rompimiento de relaciones con Inglaterra.

Después de 1763 su gobierno tomó un interés especial en la Armada y el comercio de ultramar autorizando la apertura de los puertos para comerciar con las colonias americanas.

En apoyo a las colonias rebeldes inglesas los dos miembros de la Casa de Borbón [Francia y España] firmaron el Tratado de Aranjuez en 1779.

Anterior a la declaración de guerra Carlos III prestó generosamente asistencia económica a las colonias de manera clandestina. Su demora en declarar la guerra ha sido criticada por muchos quizás por falta de comprensión de la política de la época.

Sin embargo la vasta correspondencia de los representantes de las colonias elogiando el proceder del Rey y agradeciendo su generosidad disipan estas opiniones negativas.

Francisco Saavedra de Sangronis

Francisco Saavedra de Sangronis es otro de los individuos olvidados. Al mismo se le debe una enorme deuda de gratitud por su actuación crítica en la victoria de la batalla de

Yorktown que hizo comprender a los ingleses que lo habían perdido todo.

Por motivos que no entendemos su nombre es rara vez mencionado en los relatos de la batalla de Yorktown.

En 1779 Carlos III le nombró emisario diplomático en las Antillas Occidentales. Debido a su fluidez en el idioma francés estaba encargado de fomentar la alianza franco-española y las operaciones conjuntas al mando de Bernardo de Gálvez en la lucha contra Inglaterra.

Prestó asistencia a general francés de Grasse, organizando todos los preparativos para la travesía desde el Caribe a Yorktown.

Los esfuerzos por parte de los franceses para recaudar los fondos necesarios para financiar la operación, habían fracasado incluyendo los esfuerzos personales de de Grasse, Saavedra personalmente recaudó todos los fondos necesarios no solo para financiar la travesía del ejército francés sino también para suplir todo lo que necesitaba para continuar la lucha el Ejército Continental en Yorktown bajo el mando conjunto de George Washington y el Conde de Rochambeau.

En colaboración, Saavedra y de Grasse planearon durante meses la estrategia militar y distribución de recursos para esta operación aprobada por Gálvez, Este planeamiento más tarde se denominó la *Convención de Grasse-Saavedra* como consta en el diario de Saavedra y en los archivos de la Marina de Francia.

La llegada oportuna de la flota de de Grasse y de los fondos imprescindibles proporcionados por España y recaudados por Saavedra para apoyar los ejércitos franceses y americanos hicieron posible la derrota de las fuerzas inglesas y pusieron fin de la guerra.

José Domingo de Mazarredo

Un científico marino de extraordinaria capacidad y reputación se unió a la Armada aún muy joven y más tarde fue comisionado por el Rey Carlos IV para revisar y modernizar las regulaciones navales.

También fue responsable de recopilar las normas más avanzadas de la época en su *Tratado de Navegación y Regulaciones Generales de la Armada.* Además fundó la Academia Militar de Matemáticas en Barcelona, la Academia de Guardamarinas de Cádiz y el Colegio de Cirugía de Cádiz.

Fue el responsable de organizar una serie de expediciones científicas dirigidas a proporcionar el desarrollo de la Armada entre los años 1777 y 1791, en los momentos en que la Armada jugó un papel crítico en la guerra contra Inglaterra.

Antonio Barceló

Nacido en Mallorca en 1717 estuvo siempre interesado en asuntos navales. Desde muy joven se unía a barcos que navegaban desde la isla a la Península. Se hizo experto en *Jabeques*, pequeñas y ligeras embarcaciones que navegaban con gran rapidez.

En 1761 fue ascendido a Capitán de Fragata al mando de una división de jabeques reales.

En agosto de 1779 después de varias acciones importantes en el Mediterráneo fue nombrado comandante de la escuadra encargada de bloquear Gibraltar. Esto constituía parte de la estrategia de España para mantener a los ingleses tratando de defender posiciones importantes y la vez impedirles llevar refuerzos a las tropas en la colonias americanas

Modificó con éxito el diseño de los cascos de las naves cubriéndolas con hierro para protegerlas del fuego enemigo y hacer posible el ataque desde el mar a blancos en tierra.

Llegó al rango de general y a su muerte se colocó una placa honrando su memoria en el Panteón de Marinos Ilustres.

≈≈≈

Consecuencias & Conclusión

Los conflictos en los que toman parte varios participantes, cada uno con enfoque y contribución diferentes, al final las consecuencias varían y son complejas y difíciles de comprender aún para aquellos que resultan vencedores.

Las resoluciones de las negociaciones que tuvieron lugar al final de la guerra tomaron tiempo para redactarse a satisfacción de todos los participantes. Los planes preliminares del tratado de "paz" fueron modificados varias veces. Todos los participantes fueron afectados financieramente, unos más que otros ya que ésta fue una guerra muy costosa parar todos.

El 3 de septiembre de 1783 el acuerdo final del tratado de paz, una serie de diversos tratados, se firmó en Versailles y se conoce como el Tratado de París o Tratado de Versailles.

Es de notar el Prólogo que lee: *Prólogo. Declara el tratado redactado de buena fe de los firmantes "en el nombre de la más santísima e indivisible Trinidad " y declara la intención de las partes a "olvidar todas las diferencias y malos entendidos pasados" y "asegurar paz y harmonía perpetua"*

La paz entre los aliados – España, Francia y Holanda con Inglaterra estaba finalmente confirmada, aunque no por mucho tiempo.

A pesar que Inglaterra reconoció a los Estados Unidos como una nación libre, soberana e independiente y renunció a toda reclamación de propiedades y cesó las hostilidades se firmó un tratado por separado entre las dos naciones. John Jay, Benjamín Franklin y John Adams representaron a los

Estados Unidos y David Hartley, miembro de la Cámara de los Comunes, representó al Rey Jorge III.

Inglaterra –

Después de muchos años de lucha Inglaterra se vio forzada a reconocer la independencia de sus colonias. Además perdió territorios adquiridos anteriormente. Exceptuando la Florida la cual probablemente hubiera perdido más tarde a manos de los americanos, sus pérdidas no fueron excesivas.

Las pérdidas económicas fueron más serias. Al terminar la guerra, Inglaterra enfrentaba de nuevo una situación económica difícil. Al comienzo del conflicto ya la situación económica del país era de tal gravedad que el Parlamento se vio en necesidad de imponer una serie de tributos a las colonias que al final provocaron la rebelión.

Afortunadamente para Inglaterra la recuperación fue rápida debido a la industrialización que ya había comenzado permitiendo el desarrollo de lo que los historiadores han llamado el *Segundo Imperio.*

Francia

Francia se sintió reivindicada, como uno de los responsables de las pérdidas sufridas por Inglaterra además del efecto a su comercio transatlántico.

Sin embargo la deuda contraída durante la guerra sumada a la precaria situación económica que ya existía anterior al conflicto, impidió la resolución de la deuda.

Al igual que el aumento de tributos que Inglaterra impuso a sus colonias, Francia también puso en práctica un sistema similar de tributos adicionales que sólo afectaban a campesinos y comerciantes.

Seis años más tarde la Revolución Francesa puso fin a la monarquía.

España

A continuación, una selección de los artículos del tratado de paz firmado por separado entre España e Inglaterra, los cuales fueron redactados en enero del mismo año, estipulan lo siguiente del artículo 4 al 8 :

4. La Corona Inglesa entrega Minorca a España

5. La Corona Inglesa entrega la Florida Occidental y la Oriental a España.
Los residentes ingleses tendrían 18 meses a partir de la fecha de ratificación del tratado, para abandonar el territorio (este término se puede prolongar en caso que no les sea posible la venta de sus pertenencias durante el período establecido.)

6. En el "continente español" [la mayor parte de la América al sur de Estados Unidos] a los residentes ingleses se les permitirá cortar y remover maderas en el distrito que se extiende entre el río Belize (o Wallis) y el río Hondo [los cuales podrán ser navegados por buques de las dos naciones]....[serán marcados en el mapa que acompaña este documento] ... el cual fluye hacia el interior del río Hondo y cruzando el río procede río abajo y finalmente al mar...

7. La Corona Española devuelve las islas de Providencia y las Bahamas a Inglaterra [con condiciones parecidas a las del Artículo 5]

8. Todos los territorios conquistados por cada una de las partes desde que comenzó la guerra y no mencionados anteriormente, serán devueltos a sus dueños originales...

Firmado en Versailles, 3 de septiembre 1783 por George Montagu, cuarto Duque de Manchester representando al rey Jorge III y por España el Conde de Aranda.

España salió de esta guerra con bastante deuda aunque no tanto como Francia e Inglaterra. Esta deuda se redujo gracias a la llegada de metales preciosos de sus posesiones americanas. Esto permitió a España reducir su deuda durante los próximos años por debajo del 20% de sus ingresos seguido por años de prosperidad durante el reinado de Carlos III.

Gibraltar no fue devuelto a España, pero ésta tenía el control completo del Golfo de México lo cual producía grandes beneficios económicos.

Aunque la contribución de España hizo posible el logro de la independencia de los Estados Unidos, hay quienes afirman que la independencia se hubiera logrado de todos modos tarde o temprano.

Sin embargo, existe gran cantidad de documentos que muestran la situación económica tan precaria de las colonias y sus constantes solicitudes de fondos y suministros por un valor que a menudo sobrepasaban millones. Una y otra vez se afirma que la independencia se hubiera logrado pero quizás muchos años más tarde y sin los grandes beneficios para la nueva nación *[* Alsina Torrente, Juan, *Una Guerra Romántica , 1778 – 1783, España, Francia e Inglaterra en la mar, Ministerio de Defensa]*

≈≈≈

APÉNDICES

Apéndice 1 Moneda Española

[Cortesía Dra. Mercedes López de Arriba Jefa de Conservación Casa de la Moneda]

Hasta que la moneda se usó de modo generalizado, las transacciones comerciales en América se hacían mediante el trueque y el pago en mercancías acreditadas: cacao, piezas de algodón, cañones de pluma de ánade rellenos de polvo de oro, cuentas de jade, trozos de oro y plata... Estos últimos circulaban con forma y pesos irregulares, recibiendo diversos nombres: oro ensayado, oro de Tepuzque, plata vieja y *peso duro*, denominación que recibirá en América el real de a ocho, moneda que tendrá un área de circulación universal hasta el siglo XIX.

Uno de los objetivos de la política colonial de los monarcas de la Casa de Borbón fue la reorganización económica y administrativa de las provincias de Ultramar, para lo que se arbitraron entre otras medidas la apertura de nuevas casas de moneda que abastecieran de numerario suficiente para las transacciones comerciales en el Nuevo Mundo.

La Casa de Moneda de México la más importante para el funcionamiento de todas las de América. Una nueva Casa de Moneda a partir de 1776, comienza a marcar sus monedas con las iniciales NG. Para sustituir las irregulares monedas acuñadas a martillo llamadas macuquinas, ordena la emisión de un nuevo tipo llamado *columnario o de mundos y mares* que será el reverso común para todos los valores de la plata: dos hemisferios coronados sobre ondas de mar, flanqueados por las columnas de Hércules coronadas y arrolladas con cintas con el lema PLUS ULTRA.

Carlos III lleva a cabo una reforma monetaria de gran transcendencia establecen nuevos tipos para la moneda, diferenciando los de España y América de modo que se distingan claramente

El real de a ocho que circula por América, a partir de este momento, ostentará en anverso el busto laureado del rey a la derecha con coraza y manto, y en reverso el escudo de España coronado y con las armas de Castilla, León, Granada y el escusón de Borbón, flanqueado por las columnas de Hércules con cintas arrolladas en las que se inscribe el lema PLUS ULTRA.

Este tipo permanecerá invariable hasta el cese de las acuñaciones españolas en América como consecuencia de los movimientos independentistas que suceden durante el reinado de Fernando VII

En España será el emperador Carlos V quien ordene la acuñación de una pieza equivalente, el real de a ocho, con la plata procedente de América

La difusión del real de a ocho americano o *peso fuerte* fue tan importante que las transacciones mercantiles con otros países se hacían en esta moneda, que incluso durante el siglo XIX era internacionalmente aceptada por su valor intrínseco. llegando, incluso, a respaldar las emisiones de los primeros billetes americanos en los que se hacía mención expresa del valor en "*spanish milled dollars* ".

Siglo XVIII – equivalencias

34 maravedies	=	1 real de vellón
1 livres tournois(France)	=	4 reales de vellón
8 reales	=	1 peso fuerte
1 peso fuerte	=	1 American dollar
1 pound sterling (Britain)	=	3.354 dollars

Apéndice 2 Yorktown y el financiamiento cubano

(Cortesía de Thomas E. Chávez)

Residentes de La Habana que prestaron fondos para financiar la expedición de del Almirante de Grasse, Agosto 16,1781 en Yorktown.

Nombre	**Reales**	**Interés**	**Total (Sept.)**
I Jose Olazaval	160,000	2%	800,000 (plus 3
2 Francisco del Corra	1200,000	2%	248,000 (plus 4
3 José Manuel Lopez	320,000	2%	720,000(plus 6
4 Juan Dios de Muñoz	48.000	2%	48,000(plus 9
5 Tomâs de Evia a	264,000	None	264,000
6 Lorenzo Quintana	200,000	None	200,000
7.Manuel Quintanilla	600,000	2%	720,000(plus 1
8 Pedro Valverde b	160,000	None	160,000
9. Rafael Medina	160,000	2%	160,000(plus 1
10 Juan Patrón	608,000	2%	816,000(plus1
11 JuanHogan c	240,000	None	240,000
12 Manuel Esteban d	200,000	None	200,000
13 Carlos Testona e e	168,000	2%	289,000(plus5
14 Fernero Brothers	160,000	2%	240,000(plus 3
15 Bartolomé de Castro	48,000	2% .	48,000(plus 9
16 Nicolás Varela0	144,000	2%	144,000(plus 9
17 Cristóbal de Nis	24,000	2%	88,000(plus 4
18 .PabloSerra	160,000	2%	320,000(plus3
19 José Feu	160,000	2%	160,000(plus3
20 Pedro Figuerola	80,000	2%	80,000
21 Miguel Ibañez	112,000	2%	112,000(plus2
22 Doña Bárbara Santa Cruz	80,000	2%	80,000
23 Jaime Boloix	80,000	2%	240,000(plus1
24 Francisco Asbert	48,000	2%	144,000(plus9
25 Pedro Peraza	64,000	2%	144,000(plus1
26 Pedro Martín de Leiba	64,000	2%	184,000(plus1
27 Cristóval Murillo	16,000	2%	16,000(plus3
28 Francisco del Corral	48,000	2%	(ver na)
	4,520,000		68,650,000

Los fondos serán pagaderos por el primer cargamento de especie recibido de México

Source: AGI, SD, 1849, exp. 191. Caja Cuenta de 1781. Ignacio Peñalver ~ Cárdenas, Havana, 30 de junio, 1782.
Notes: a) Cajero, Regimiento de Guadalajara. b) Cajero, Regimiento Infantería La Habana,
c) Cajero, Regimiento de Ybernia.de Soria. e) Festona? f) Marquesa de Cârdenas. g) Pagado a Andrés Fernero.

Note: The Exchequer turned over to the French 4,000,000 reales (500,000 pesos), evidently keeping the rest. Military units loaned of the total, and the treasury secured a fourth of the total at no interest. Only one contributor was female (See no. 22).

Nota: El tesorero entregó a los franceses 4,000,000 reales (500,000 pesos) reteniendo el resto de las unidades militares en préstamo, con el Tesoro garantizando un cuarto del total sin interés. Solo un contribuyente era mujer (ver no. 22) (traducción Martha G. Steinkamp)

≈≈≈

Don Diego de Gardoqui,
Cortesía Ayuntamiento de Bilbao

Busto de John Adams
Cortesía Ayuntamiento de Bilbao

Don Bernardo de Gálvez Cortesía Ayuntamiento de Macharaviaya

Su Majestad Carlos III,
Rey de España, Casa de Borbón
Original Anton Rafael Mengs, Copia Museo Naval, Madrid

José Moñino y Redondo
Conde de Floridablanca
Óleo Francisco de Goya cortesía
Banco de España

José de Solano y Bote
Marqués del Socorro
Cortesía Museo Naval, Madrid

Luis de Córdova y Córdova
Cortesía Museo Naval , Madrid

Zenón de Somodevilla,
Marqués de la Ensenada
anónimo Museo Naval, Madrid
Copia de original conservado en el Museo del Prado, Madrid

Don Francisco de Saavedra, 1798
óleo Francisco Javier de Goya (0746-1828)
Cortesía The Samuel Courtauld Trust,
The Courtauld Gallery, London, UK

Bosquejo Biográfico de la autora

Martha Gutiérrez-Steinkamp

Nacida en Cuba de herencia española y becada de la Institución Smithsonian. Gutiérez-Steinkamp es ex diputada en jefe de la agencia federal National Endowment for the Arts y miembro de la Comisión de Expertos para la Preservación de la Casa Blanca ambas posiciones por nombramiento Presidencial. Actualmente es consultora del Departamento de Educación de Estados Unidos en Washington DC, Liaison de la OEA Sociedad Civil y el Museo de Historia de la Florida.

Educación multidisciplinaria incluye Conservatorio de Música de la Habana, Escuela de Derecho de la Universidad de Villanueva, Universidad de Victoria cursando estudios avanzados de Administración y Preservación Cultural y Estudios Museológicos y Ballet en Carnegie Hall con Michael Fokine, además está certificada en Humanidades K-12 y Educación a Profesionales.

Es consultora bilingüe y traductora a nivel internacional habiendo trabajado en México, Europa, Tokyo y acompañado a la Secretaria de Estado en misiones culturales por la América del Sur. Martha es autora de libros bilingües infantiles y ha desarrollado programas para escuelas y museos en la Florida, Nueva York y Texas además del currículo modelo nacional titulado *Contribución de los Hispanos a los Estados Unidos*. Ha desarrollado programas modelo de intercambio culturales para la América Latina y ha sido directora de tres museos de Arte e Historia.

31722325R00138

Made in the USA
Lexington, KY
24 April 2014